初心者から
経験者まで

美しさを極める
トウシューズ・レッスン

指導・モデル　渡辺理恵

クロワゼ 編

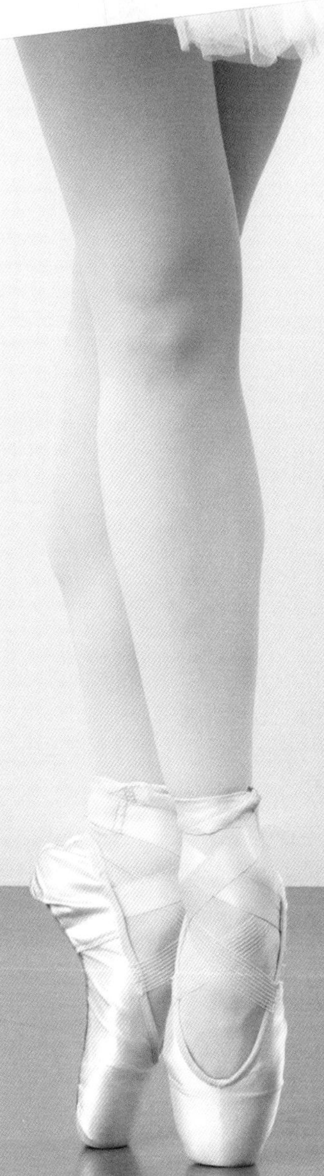

トウシューズは、妖精のような
〝人間ではないものへの憧れ〟から生まれました。
現代においてもトウシューズは、
今の自分から変身できる魔法のような、
そんな憧れを私達に抱かせるのかもしれません。

バレエは夢のような世界ではありますが、
決して別世界ではなく、
私達の日常のほんの少し先にあります。
ちょっと背伸びすることで見える新しい世界を、
ぜひ楽しんでください。

ポアントで踊ることは簡単では
ありませんし、初めは立つことさえ
難しいと思います。けれど、正しく、丁寧に、
少しずつ訓練することで、確実に上達していきます。

この本では、私がトウシューズを履く時に
こだわっていることや、より美しく見せるために
意識していることをお伝えできたらと思います。
自分の体と向き合って、がんばっていきましょう！

渡辺さんが愛用しているトウシューズは、グリシコのフェッテ プロフレックス。甲が出やすいため、あえてボックスが硬めのポアントを履いて重心が前にいかないようにしているそう。ほとんど加工せずに履きこなし、美しいポアントワークを実現しています

目次

トウシューズの準備

トウシューズを履く前に

トウシューズを履く条件やシューズの選び方など、気になるあれこれを伺いました。

トウシューズを履く条件とは？

トウシューズで立つ時は、足ゆびの力でドゥミ・ポアントからさらに踵を持ち上げてポアントにします。ドゥミで踵を高く上げておかないとポアントにできませんから、まずは高いルルヴェができることが条件のひとつです。

　また、つま先に全体重が掛かるので、負担を軽くするために引き上げがしっかりできること、体重が重すぎないということも、条件のひとつ。ポアントで立っても動き自体はバレエシューズと同じですから、バレエのパがひと通りできていることも大切です。

　トウシューズを許可する基準は先生によっても違うことがありますから、トウシューズを履きたいと考えている人は、一度お教室の先生に相談してみましょう。

あなたのルルヴェをチェック！

イスの背を持ったり、壁に手をついたりして体を支え、思いきりルルヴェしてみましょう。踵をどのくらい高く上げられますか？

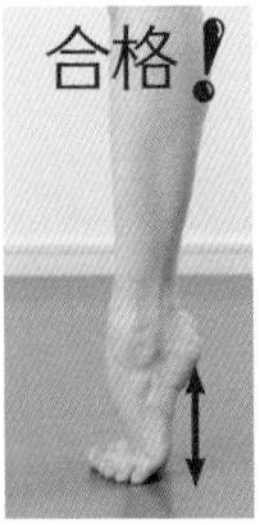

足ゆびで床を押し、踵を高く上げられている

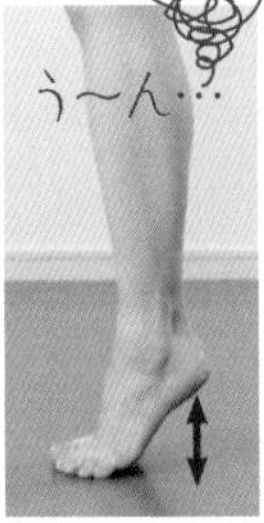

足ゆびで床を押せていないので、踵を少ししか上げられていない

トウシューズ選びのポイントは？

　トウシューズは足にフィットさせて履くものなので、実際にお店に行って試し履きをし、サイズやワイズ（幅）がぴったり合うものを選びましょう。

　硬さも様々で、硬いと持ちが良かったり、回転がしやすかったり。また、柔らかいと足に馴染みやすいなどの特徴があります。初めて履く人は、足ゆびを動かす感覚をつかみやすいよう、柔らかいものがおすすめです。つぶれたものを使い続けるとおかしなクセがついてしまうので絶対にやめましょう。

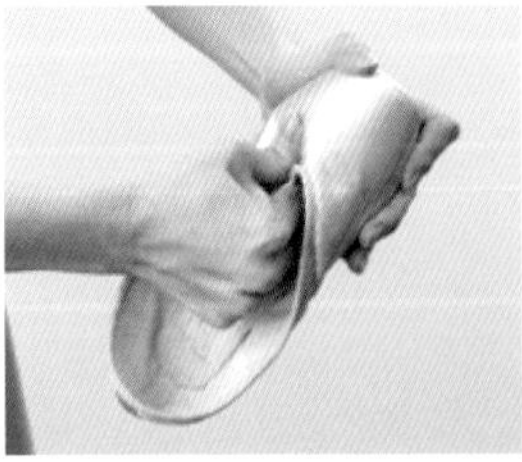

買ったばかりのシューズは硬いので、白分で揉んだり、踏んだりして柔らかくしてから使います。とくにボックス（ゆびを包んでいる部分）は足ゆびが当たると痛いので、柔らかくして

リボンの結び方にポイントはありますか？

基本は内側（土踏まず側）から1本ずつ足首に巻き付けて結びます。緩いとレッスン中にほどけてしまいますし、反対にきつすぎると足首が動かせなくなってしまいますから、程良い結び方を探してみてください。

巻き付ける位置は、高すぎても低すぎても脚に負担が掛かってしまいます。くるぶしの少し上に巻き付けましょう

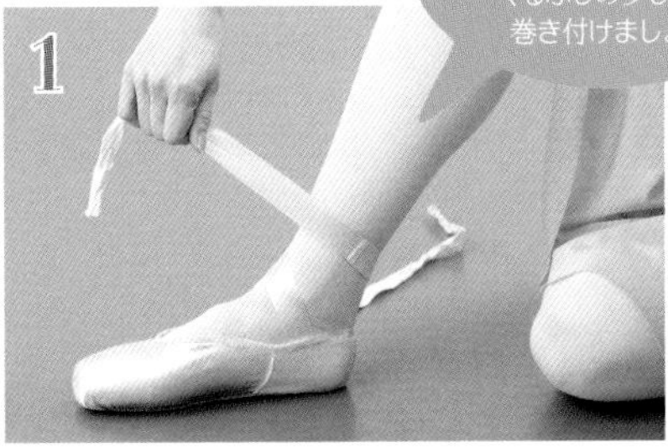

1

片手で足の内側（土踏まず側）のリボンを持つ。甲の上に掛けて、足首に1周巻き付ける。

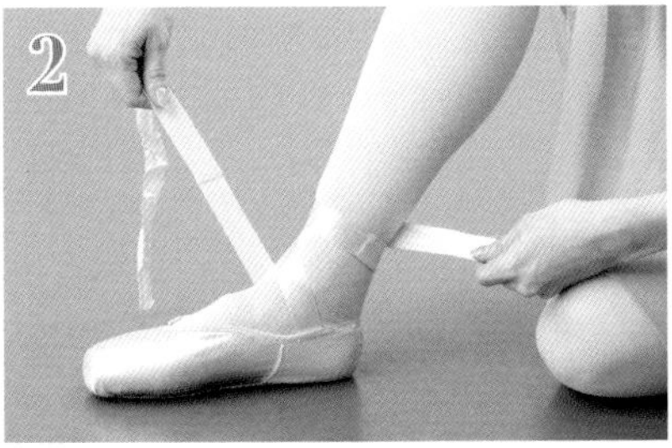

2

内側まで回したら外側のリボンを持ち、❶のリボンと甲の上でクロスさせ、足首に1周巻き付ける。

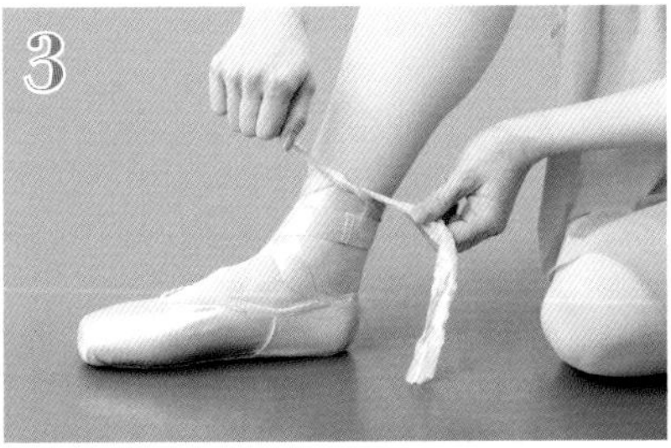

3

内側でリボン結びをする。

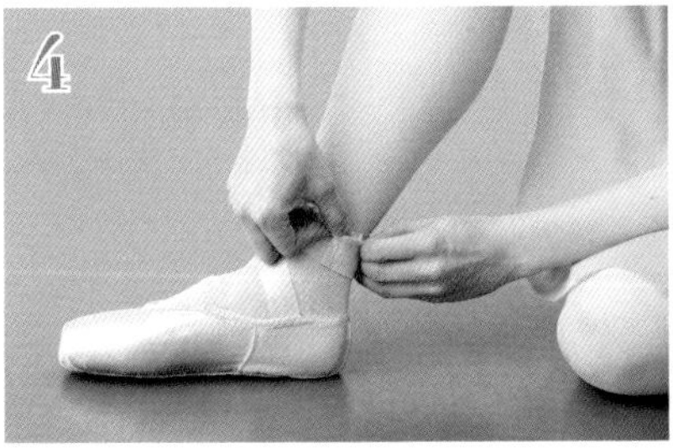

4

結び目と端を足首のリボンのなかに入れ込む。

リボンの付け方〈基本〉

まずはベーシックな付け方をご紹介。リボンを深い位置に付けることでソールをしっかり持ち上げられ、フィット感が上がります。

教えてくれたのは…
チャコット渋谷本店
井手 碧さん

こんな人にオススメ！
- ☑ 初めてトウシューズを履く人
- ☑ 踵が脱げやすい人

Step1 リボンの位置を決める

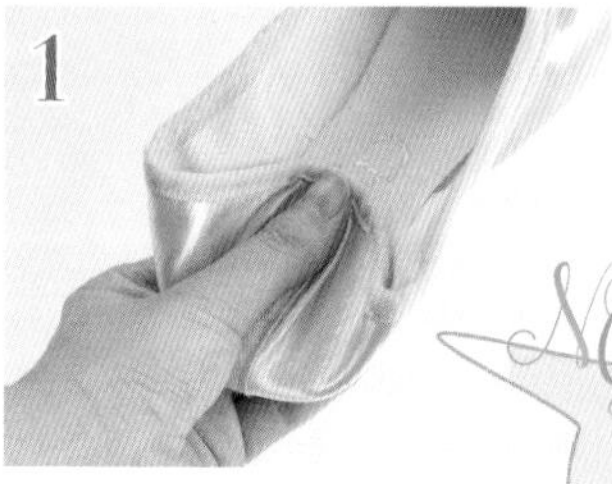

生地をたるませたり、斜めに折ったりするとリボンの角度がおかしくなってしまうので、まっすぐ伸ばして

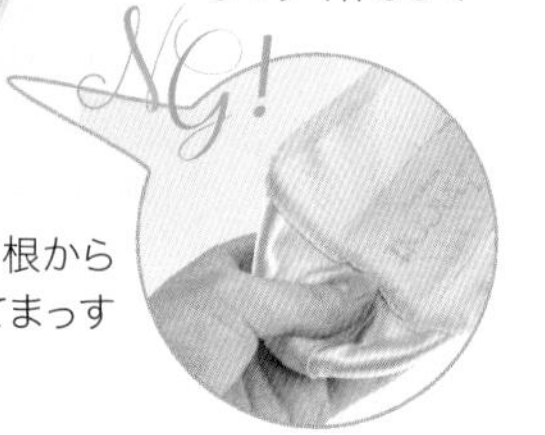

踵の生地をソールの付け根から引っ張り、ソールに沿ってまっすぐ折り畳む。

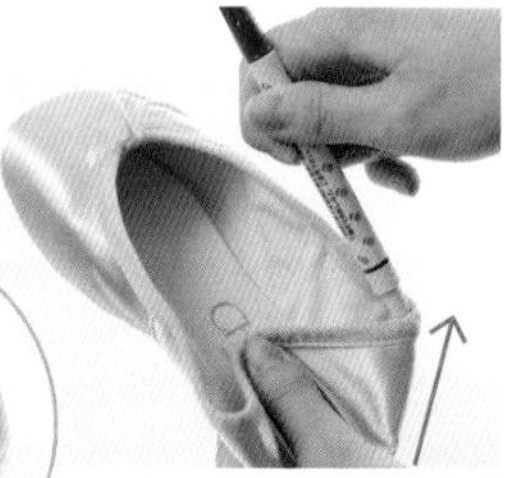

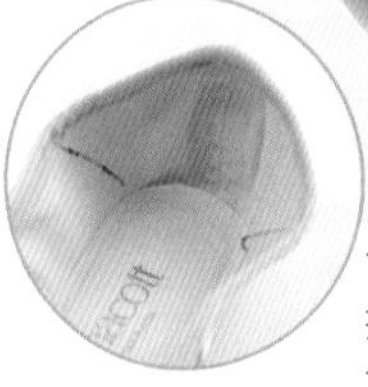

すき間にチャコペンを入れ、折り目に沿って下から滑らせて線を引く。

Step2 並縫いをする

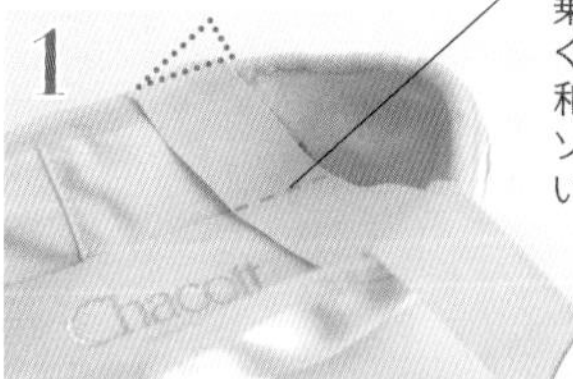

リボンがソールに乗ってしまうと上手く縫えず、足に違和感が出ることも。ソールにかからない所で折り返して

リボンの先をシューズの縁に合うよう、浅く斜めにカットする。リボンの表（ツルツルした面）を上に向け、Step1の線にリボンを沿わせる。ソールに当たるギリギリのところから折り返す。

リボンのほつれが気になる人は、ライターであぶるかマニキュアを塗ると○

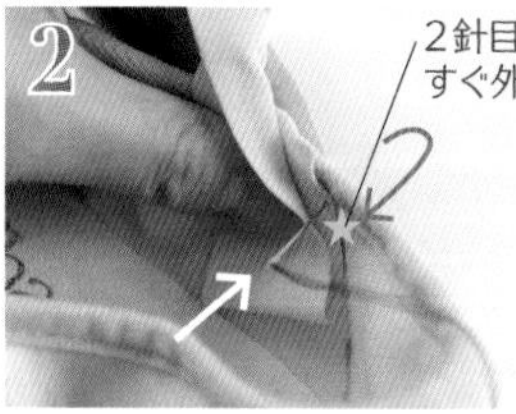

糸を2本取りにして玉結びをする。1針目をリボンとリボンの間に入れ、シューズの縁の縫い目上にシューズの裏から表に通す。2針目をリボンの外側（★）に入れ、表から裏に通す。1針目と同じ場所に2つ折りのリボンの上から針を通し、リボンとシューズを固定する。

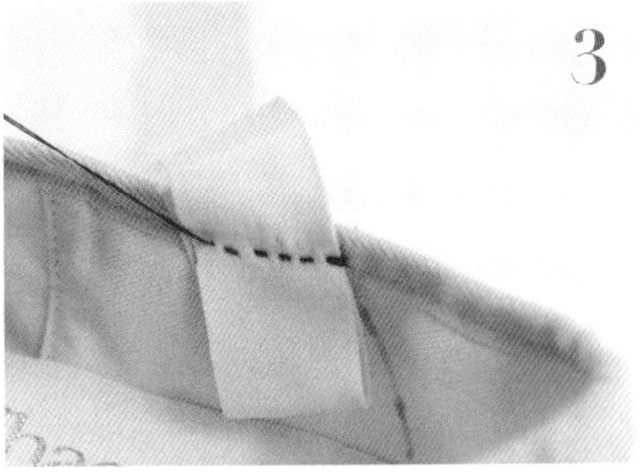

シューズの縁の縫い目上を並縫いする。

端まで縫ったら❶のようにリボンの外側に1針出し、もう一度リボンの端を固定する。針をリボンの裏のシューズの縁に通す。

玉止めをして糸を切る。足に当たらないようリボンの裏側に隠す。

**チャコットでは、ミシンによるリボン&ゴムの縫い付けサービス*を行っています。
今回はベーシックな付け方を紹介しました。初めて付ける方、より足にフィットさせたい方はぜひお試しください！**（井出さん）

Step 3 まつり縫いをする

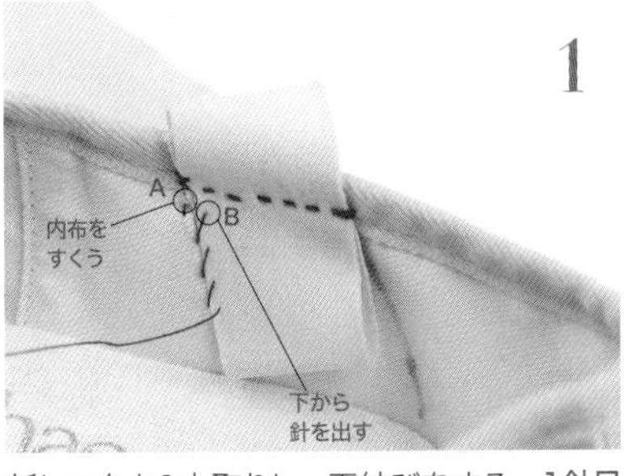

新しい糸を1本取りし、玉結びをする。1針目をリボンの下から上に通す。2針目は内布だけをすくって（A）リボンの下から針を出し（B）、まつり縫いをする。3辺とも縫っていく。

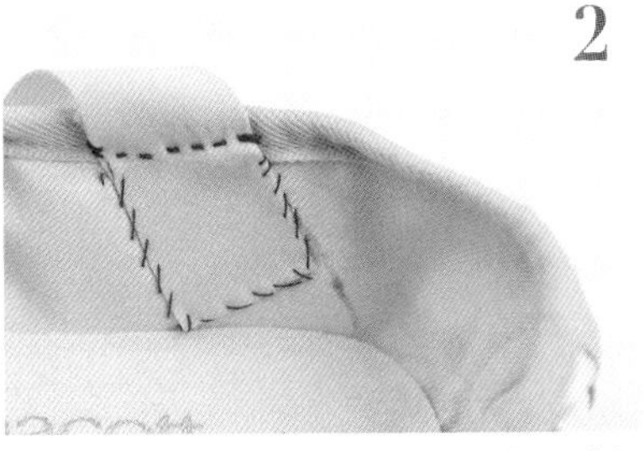

最後まで縫ったら玉止めをし、リボンの裏側に隠して完成！

チャコット渋谷本店
東京都渋谷区神南1-20-8　*当日お買い上げのトウシューズのみのサービスです。またサービスは店舗ごとにお問い合わせください

リボンの付け方〈土踏まずを持ち上げる〉

足裏の引き上げをサポートできるよう、
土踏まずの位置に縫い付ける方法を紹介します。

教えてくれたのは…
シルビア横浜
店長
荒川奈々恵さん

こんな人にオススメ！
- ドゥミからポアントに立ちきるのが苦手な人
- ソールが硬めのシューズを履いている人

Step1 リボンの位置を決める

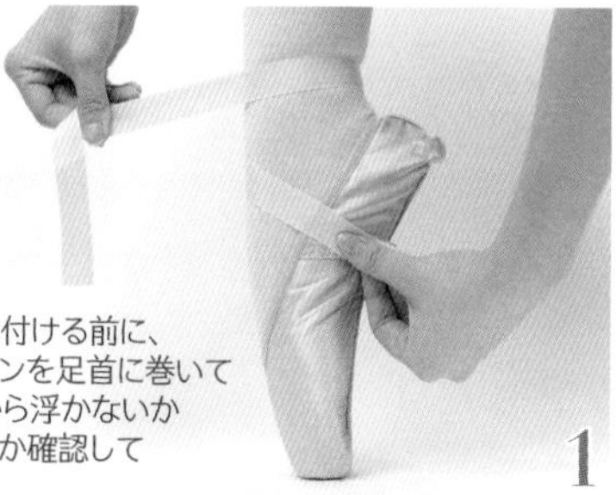

シューズを履いて足をポアントにし、リボンの端を土踏まずのいちばんカーブした所に合わせる。

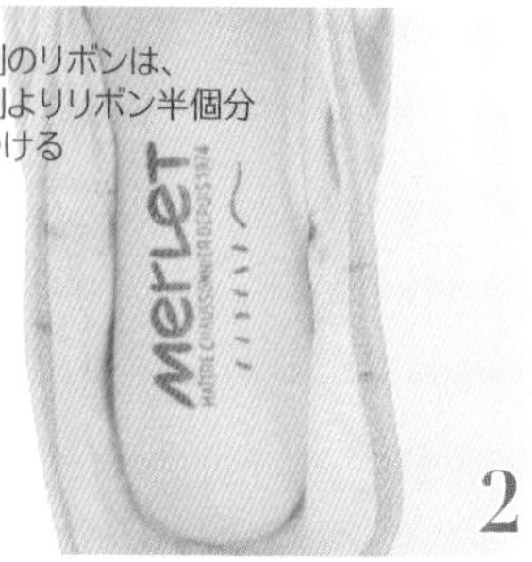

❶で合わせたところに、チャコペンで印を付ける。

Step2 本返し縫いをする

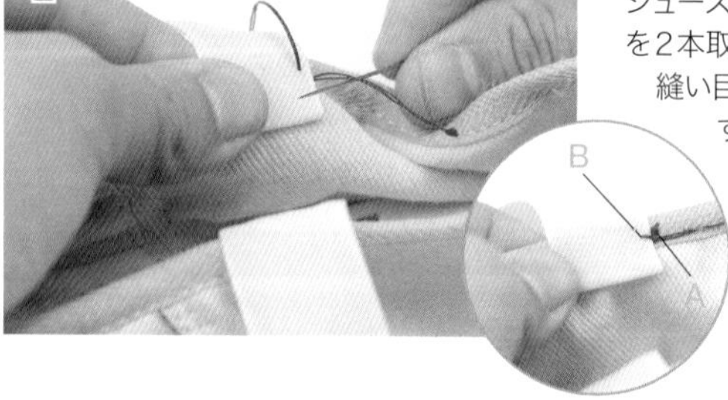

リボンの端を指1本分折り返し、短い方をシューズの縁に当てStep1の印に沿わせる。糸を2本取りにして玉結びをし、シューズの縁の縫い目上にシューズの裏から表に1針目を通す（A）。2針目は表から裏に入れてリボンを通す（B）。1針目の糸の間に針をくぐらせて、リボンとシューズをしっかり固定する。縫い目の隣に針を通し、裏から表に針を出す。

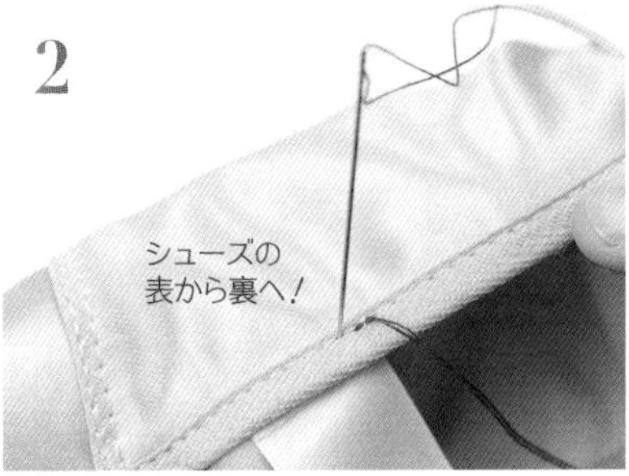

2針分先に針を通す。

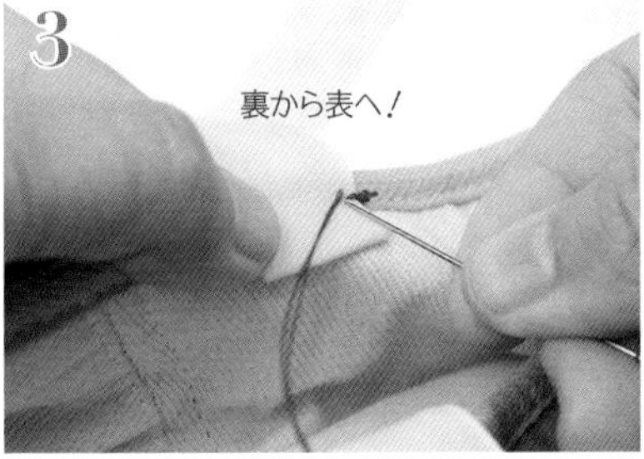

すき間を埋めるように1針分戻す。❷〜❸を繰り返して、端まで縫う。

Step3 糸の端を処理する

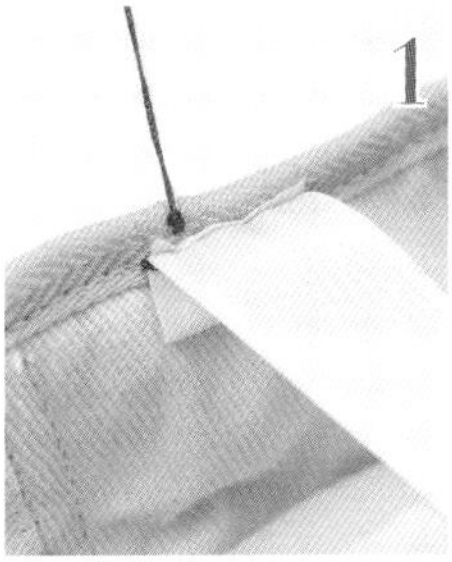

リボンの裏に糸を出し、玉止めする。

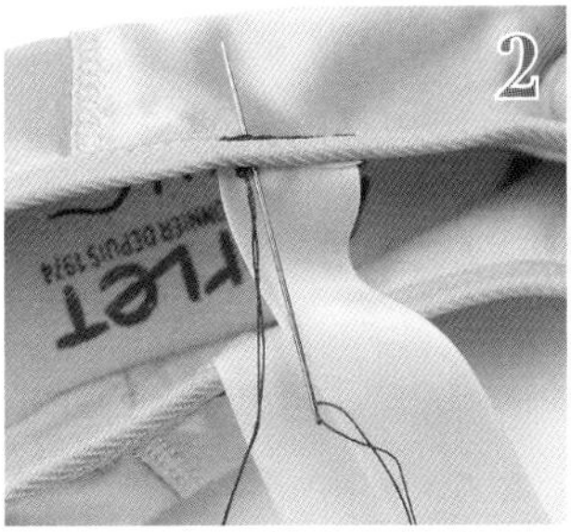

そのままシューズの表に針を出す。

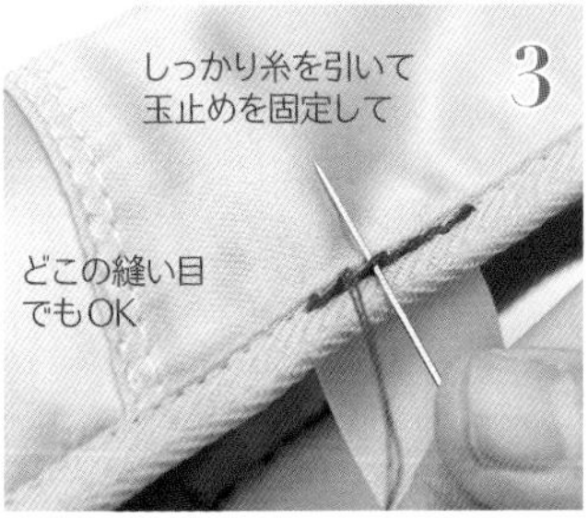

縫い目に針を通し、糸を巻きつける。これを2回行って糸を切る。

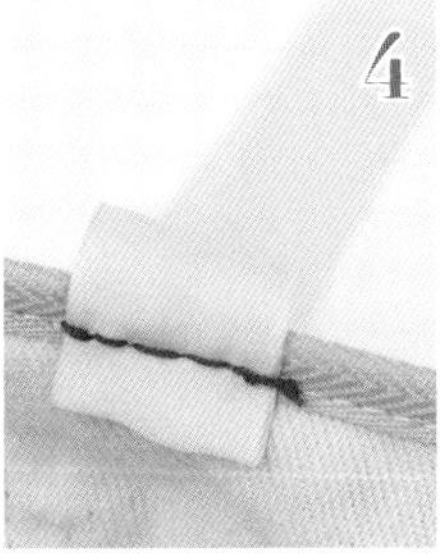

完成！

シルビアでは、店頭でのリボン＆ゴムの縫い付けは行っていませんが、お客様に合わせた縫い付けのご提案をしています。
今回は、簡単で強度の高い縫い方でご紹介しました。ぜひお試しください！
（荒川さん）

シルビア横浜
神奈川県横浜市神奈川区鶴屋町2-32-2　TSプラザビルディング1F

ゴムの付け方

トウシューズを足にフィットさせるためにゴムを付けましょう。
２種類のゴムの付け方を紹介します。

こんな人にオススメ！
- ☑ 甲をキレイに見せたい人
- ☑ トウシューズビギナーの人

教えてくれたのは… チャコット 井手さん

踵に付ける

１本のゴムを踵に付ける、オーソドックスな方法です。
甲を出しやすく、足のラインをキレイに見せられます。

アキレス腱にゴムが当たらないようにゴムの両端は離して

ゴムにも裏表があります。足の当たりが気になる人はつるつるした面、滑りにくくしたい人は凸凹の面が足に当たるように

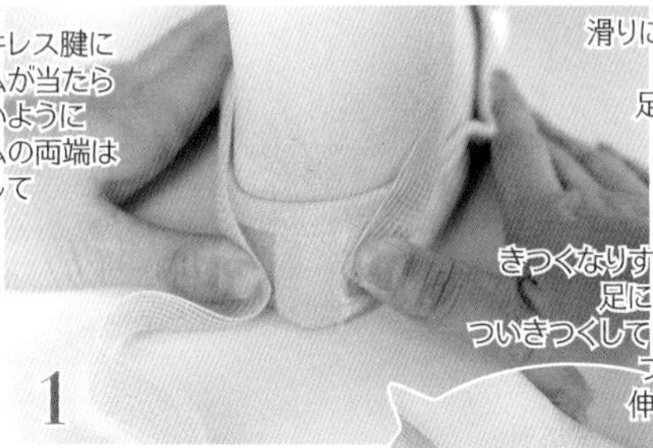

足首にゴムをかけ、端を踵の縫い目に当て、印を付ける。

ゴムがゆるんだり、きつくなりすぎたりしないよう、足にピッタリ沿わせる。ついきつくしてしまいがちなので、プリエをしてゴムの伸び具合を確かめて

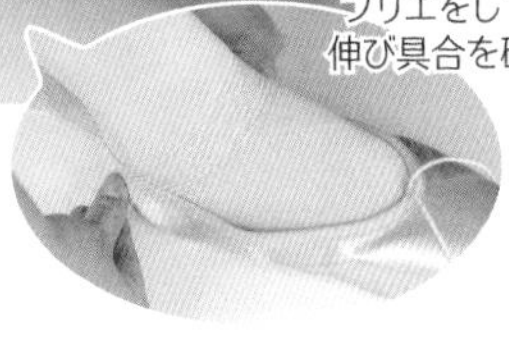

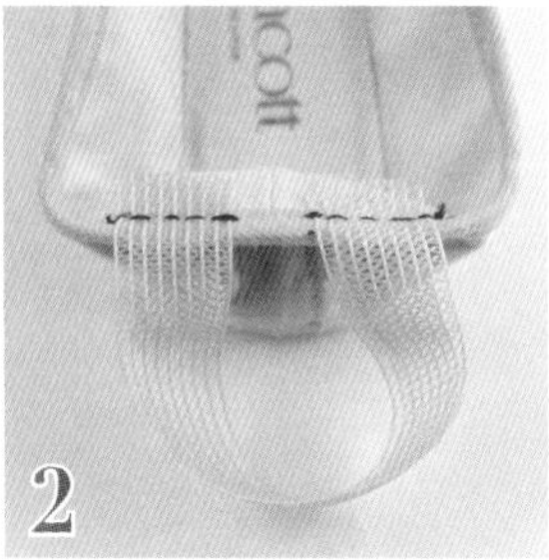

❶で付けた印に合わせて、ゴムを並縫いで付ける。

こんな人にオススメ！
- ☑ シューズが脱げやすい人
- ☑ 甲が出すぎる人

教えてくれたのは… シルビア 荒川さん

クロスして付ける

ゴムを２本使って足の甲にクロスして付ける方法。
足首のホールド感を高めてくれます。

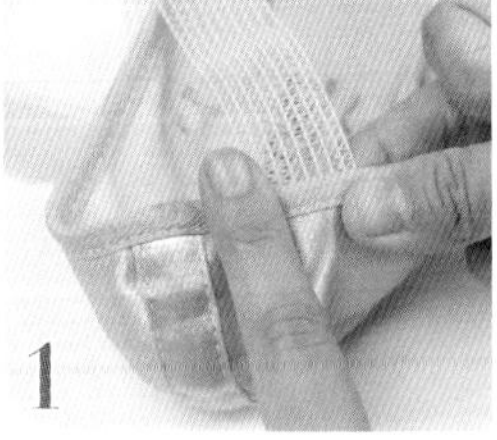

シューズの踵の縫い目から指１本分空けた所にゴムを当て、縫い付けの位置を決め、印を付ける。

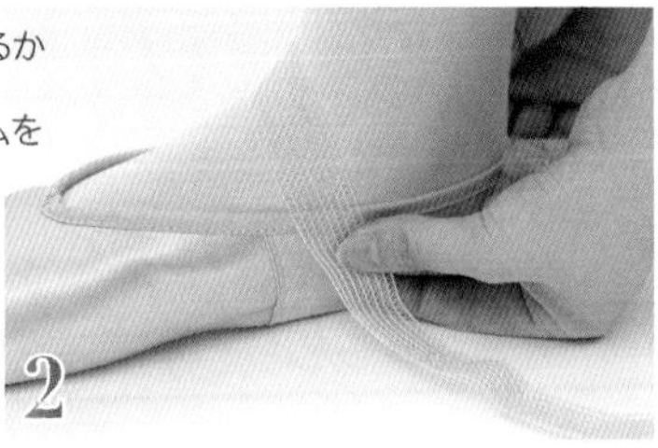

シューズを履いてゴムを甲に掛け、反対端を土踏まずの位置に合わせてゴムの長さと位置を決め、印を付ける。

土踏まずがどこにあるかわかりにくい…
あらかじめ、足にゴムをかけておくと目印に

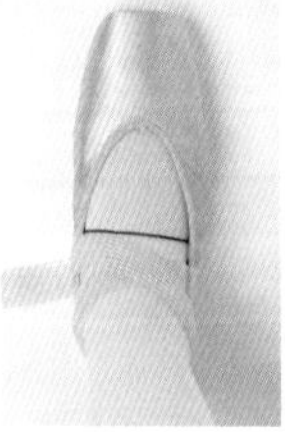

Column どんなリボンとゴムを使えばいいの？

リボンとゴムにもいくつかの種類が。それぞれの特性をご紹介します。

リボン

サテンタイプ

光沢のあるサテンのリボン。伸縮性がないので、きっちりホールドしたい人向け。見た目がキレイなので発表会などでよく使われます。

トウリボン¥200（シルビア）

ストレッチタイプ

近年人気の伸縮性のあるタイプ。メーカーによって伸縮の度合いが異なるので、好みで選びましょう。光沢がないのでタイツになじむのもポイント。

ストレッチトウリボン¥570（シルビア）

シルビアのストレッチリボンは、他メーカーさんに比べると適度に伸縮率を抑えたタイプ。足にしっかりフィットさせたい人にオススメです

シルビア 荒川さん

ゴム

メッシュタイプ

初心者や足首の強さが弱～普通の人向けの程良い伸び具合のゴム。

クリアゴム2.2cm幅　¥300（チャコット）

平ゴムタイプ

強度が強く、伸びもいいタイプ。特に甲が出やすい人、足首が強い人におすすめ。

シューズ用ゴム　¥100（チャコット）

メッシュタイプのゴムはタイツの色になじんでステージでも目立ちにくいです。平ゴムはコストパフォーマンスが◎

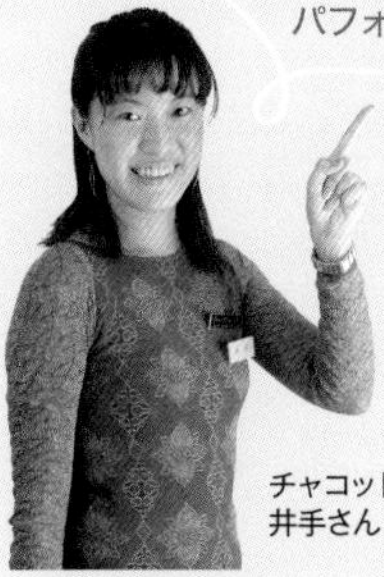

チャコット
井手さん

※価格はすべて税抜きです

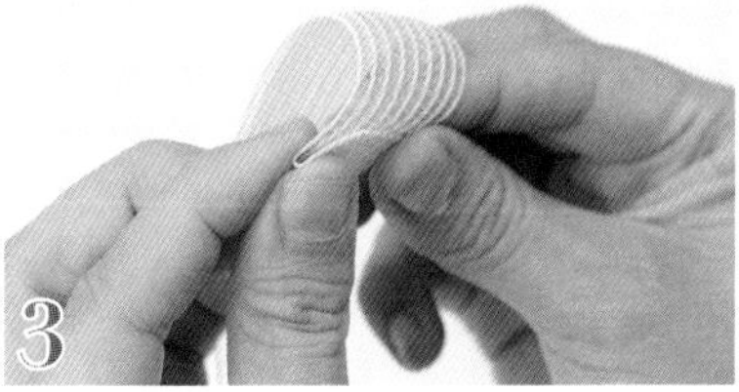

3

ゴムを指1本分2つ折りに。短いほうをシューズの縁に当て、❶❷で付けた印に合わせて本返し縫いで付ける。

4

ゴム同士がクロスするようにして縫い付ける。

トウシューズで立つための エクササイズ

トウシューズで踊るためには硬いシューズをコントロールできるほどの足の強さが必要です。レッスンの前に足の筋肉をほぐしたり、鍛えたりしましょう。まだトウシューズを履いていない人も、このエクササイズでトウシューズを履けるようにトレーニングしていきましょう。

足ゆびをほぐす

シューズのなかでゆびをしっかり伸ばせるよう、付け根からほぐしておきましょう。

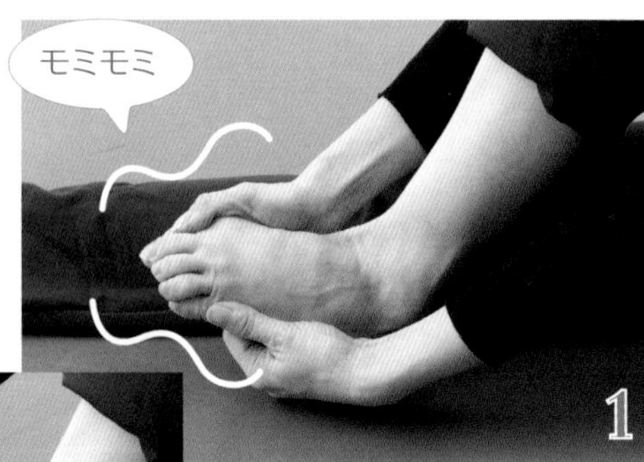

両手でゆびの付け根を1本ずつもんでほぐす。

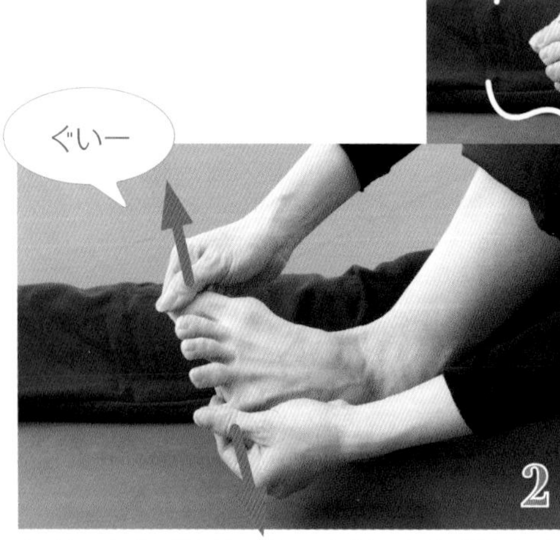

ゆびを1本ずつ横に引っ張って全部のゆびの間を広げる。

足ゆびを広げる

自分の力で足ゆびを動かす
練習をしましょう。

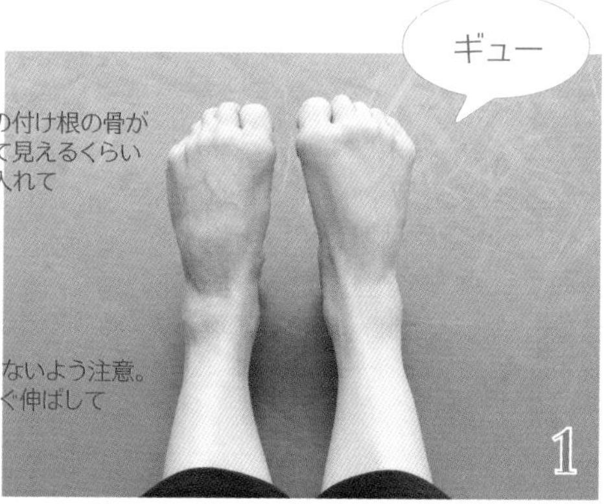

両脚を前に伸ばし、足をフレックスに。
ゆびをグッと丸める。

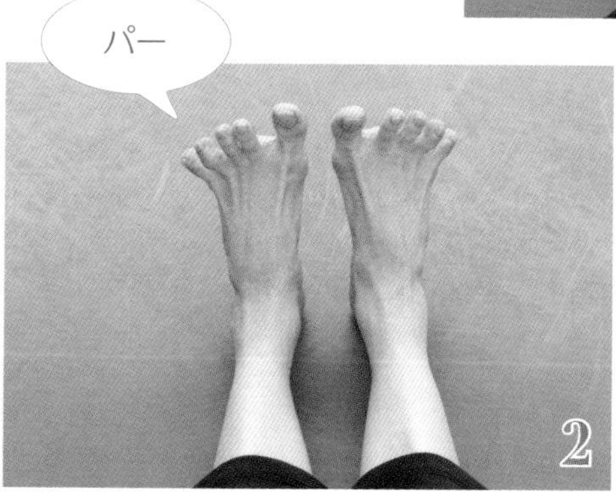

フレックスのままゆびを広げる。
❶〜❷をゆっくり10回行う。

フレックス→ポアント

**シューズを履いてもしっかりつま先を伸ばせるよう、
足裏を鍛えましょう。**

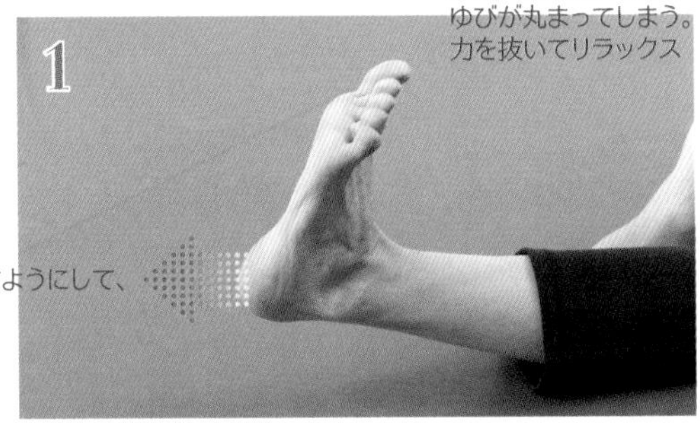

片脚を前に伸ばし、足をフレックスに。

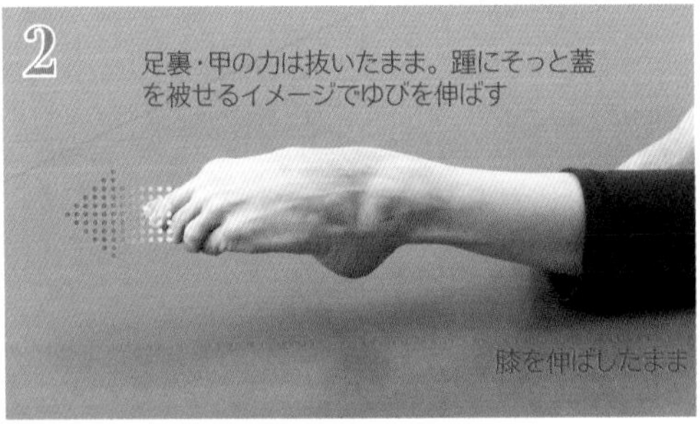

踵を押し出しながら、ゆびを遠くへ伸ばす。

バンドを使って

バンドで負荷を掛けて
足ゆびを鍛えましょう。

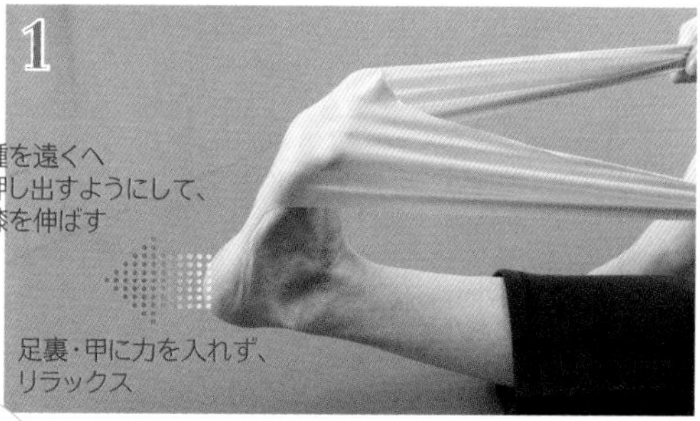

片脚を前に伸ばし、足をフレックスに。
足裏にゴムバンドを掛ける。

ゆびの裏でバンドを押すようにして、ドゥミ・ポアントに。

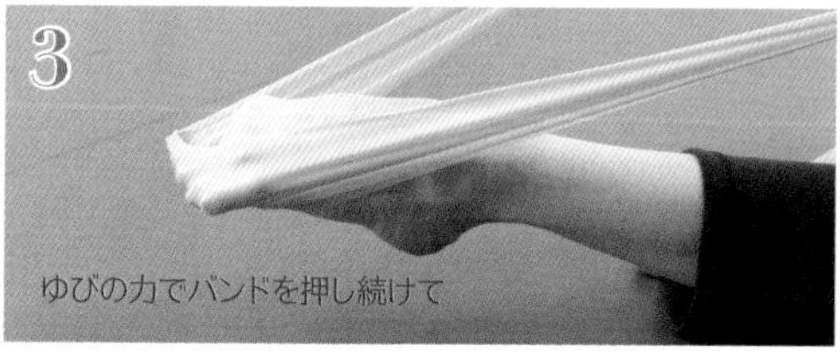

ゆびを遠くへ伸ばしてポアントに。

プランク

体をしっかり引き上げられるよう、体幹を鍛えましょう。

手を握って肘を床につけ、脚を後ろに伸ばす。おなかの力で
全身を支えて10秒キープ。

レベルアップ！

できる人は片脚を浮かせてつま先を伸ばして行いましょう。

Lesson 1
トウシューズの立ち方

トウシューズで立つ

さっそくトウシューズで立つレッスンをしていきましょう。

足ゆびの力で立つ！

トウシューズで立つということは、**足ゆびで床をしっかり押し、その力を使って踵を持ち上げて足をポアントにする**ことです。まずは第6ポジションで、足ゆびの力を使って立ってみましょう。

1 両手バーの第6ポジションで立つ。

シューズのなかは…

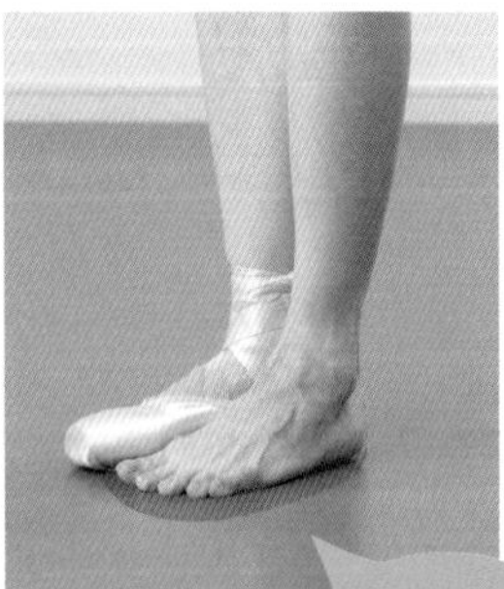

ア・テール
足裏全体をしっかり
床につけている

2 踵を持ち上げてルルヴェし、ドゥミ・ポアントを通って…

3 さらに踵を持ち上げて、ポアントに。ドゥミ・ポアントを通って❶に戻る。

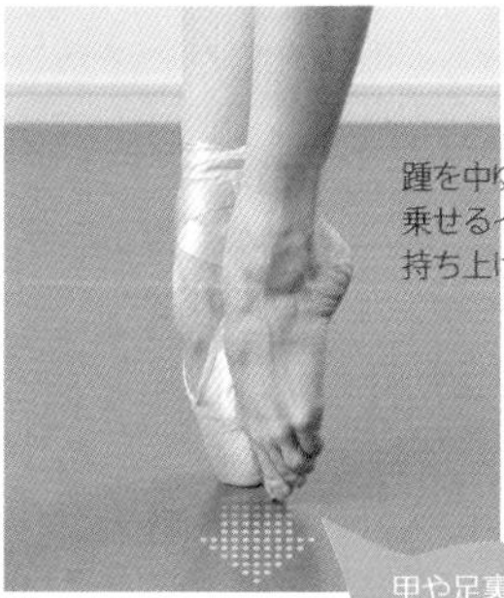

ポアント
足ゆびを真下に伸ばしている

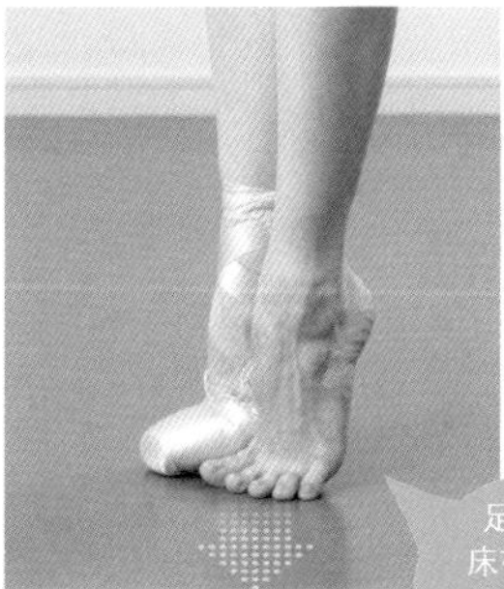

ドゥミ・ポアント
足ゆびの付け根を折って、ゆびの上に立っている

まっすぐスッと引き上げる

ポアントで立つと、わずか数センチのプラットフォーム（トウの平らな面）に全体重が掛かります。そのままだと負担が大きいので、足の負担を減らせるよう、まずは**「つま先の上に骨盤と頭を積み木のようにスッと乗せていく」イメージで体をまっすぐにしましょう。**体をまっすぐにできたら、そのまま積み木を高く持ち上げ続けるイメージで上体を引き上げましょう。

3 さらに踵を持ち上げて、ポアントに。

2 踵を持ち上げてルルヴェし、ドゥミ・ポアントを通って…

1 両手バーの第6ポジションで立つ。つま先の上に骨盤と頭を積み木のように乗せ、体をまっすぐに。

NG!

骨盤が前にいってしまい、つま先の上に乗せられていない。踵が落ちてしまい、体がまっすぐではないので、上体を引き上げられていない

NG!

頭が後ろにいってしまい、つま先の上に乗せられていない。体がまっすぐではないので、上体を引き上げられていない

アン・ドゥオールで立つ

今度は第1ポジションで立ってみましょう。内脚になると小ゆびが浮いてしまい、正しく立てません。**左右のお尻・腿裏をしっかり集めて、アン・ドゥオールして**立ちましょう。

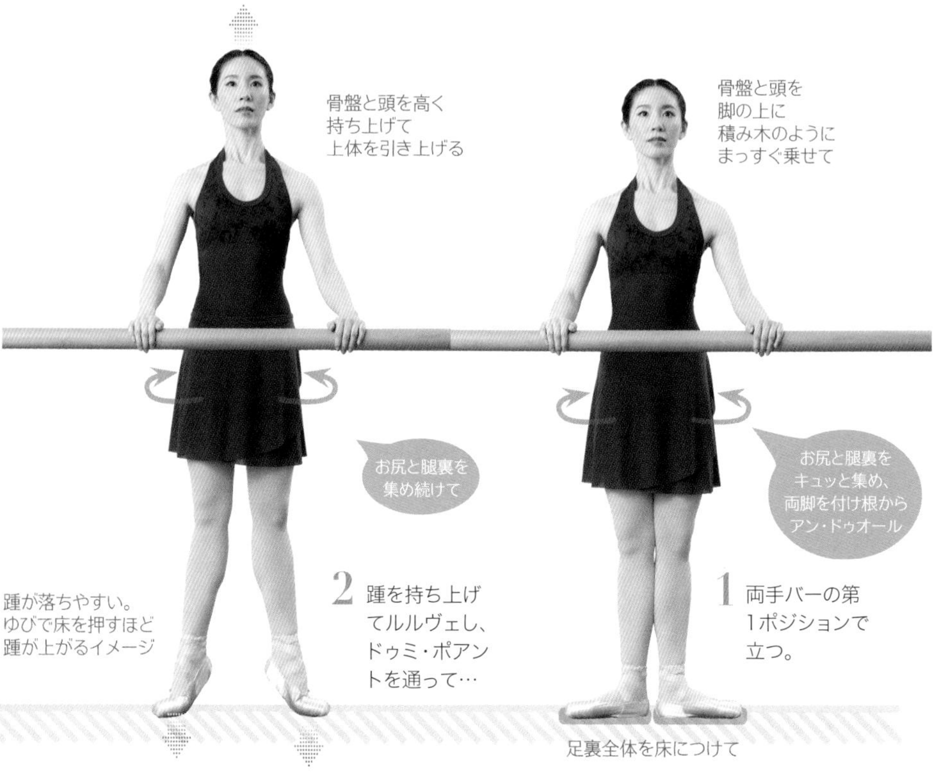

1 両手バーの第1ポジションで立つ。

2 踵を持ち上げてルルヴェし、ドゥミ・ポアントを通って…

シューズのなかは…

ドゥミ・ポアント

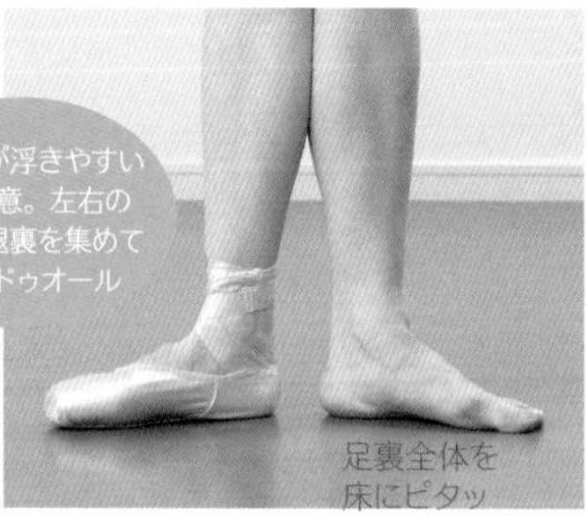

ア・テール

3 さらに踵を持ち上げて
ポアントに。ドゥミ・ポ
アントを通って❶に戻る。

NG!

プラットフォームの小ゆび側が浮いてしまい、しっかり立てていない。お尻・腿裏を集めてしっかりアン・ドゥオールしましょう

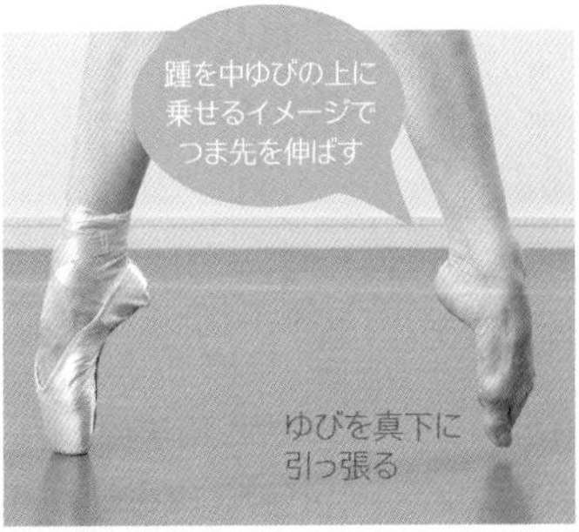

ポアント

プラットフォームをつけて立つ

トウシューズで立つ時は、プラットフォームの全面を床につけて立ち、体を安定させましょう。立った状態をキープしようとして足にギュッと力を入れてしまったり、甲を出そうとして無理に足裏を縮めてしまったりすると、足ゆびが浮いて、プラットフォームの一部が床から離れてしまいます。**甲と足裏は力みすぎず、ゆびを真下に引っ張る意識で足ゆびを伸ばし**、プラットフォームの全面を床につけましょう。

NG!

プラットフォームの親ゆび側が浮いていて、安定していない

プラットフォームが全部床についているので、安定している

Lesson 2
トウシューズで床を押す

足裏で床を押しましょう

Lesson 1 ではトウシューズで立つ練習をしました。
さらに床を押して踵や上体を持ち上げられるよう、
両手バーでじっくりレッスンしましょう。

そもそも、なぜ床を押さないといけないのでしょうか？　床を押さずに勢いだけでポアントで立とうとすると、肩に力が入ったり、膝が曲がったり、お尻やお腹が出てしまったりして美しく踊れません。

床を押すと反動で上に上がるエネルギーが生まれるので、その力を利用して、踵と上体を持ち上げましょう。少ないエネルギーでポアントに立つことができ、優雅な踊りにつなげられます。

シーソーをイメージしてみましょう

足がシーソーになったと想像して

シーソーの片側（つま先）に力を掛けると、反対側（踵）が上がる

NG
力が小さいので踵が上がらない

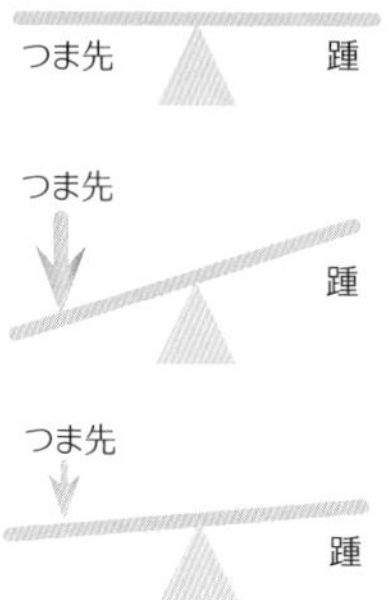

床の押し方

実際にポアントで立つ時の床の押し方をチェックしましょう。

ポアント

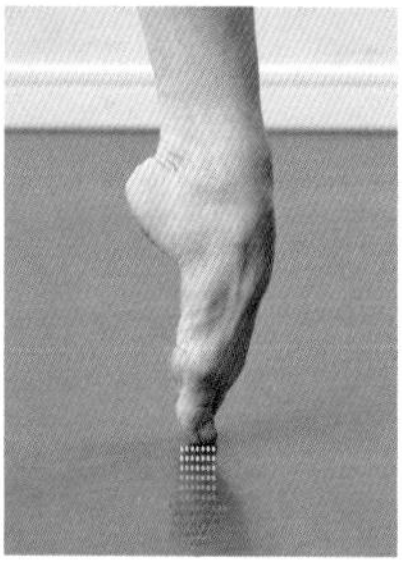

体重を足先に乗せます。床に突き刺すようにゆびを下に引っ張って床を押す。

ドゥミ・ポアント

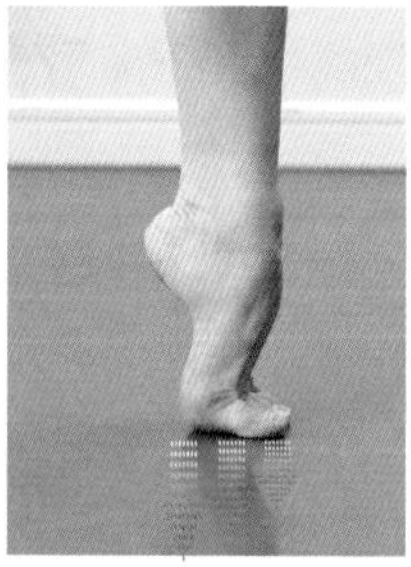

ア・テールで踵に乗せていた体重を足先へ移します。中ゆびと親ゆび、小ゆびの付け根の３点で床を押す。

ア・テール

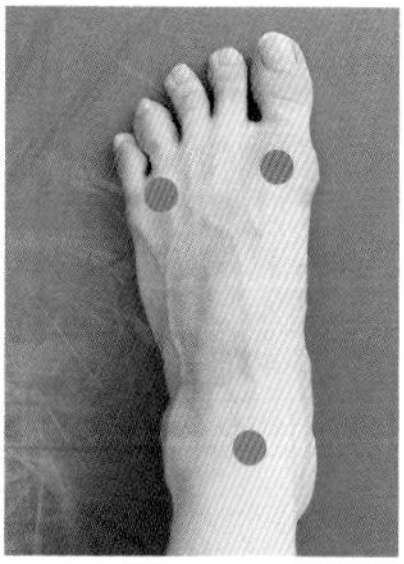

親ゆびと小ゆびの付け根、踵の３点に均等に体重を乗せ、その３点で床を下に押す。

plus one

ゆびで踵と上体を持ち上げるトレーニングを行いましょう。

1

①エクササイズ用ブロックを床に置き、踵を浮かせた状態でその上に乗る。

2

②中ゆび、親ゆび、小ゆびの付け根の３点でブロックを押して、踵を持ち上げる。❶～❷を10回繰り返す。

NG!

床を押して立つ

第1ポジションで立ち、床を押す力で踵と上体を持ち上げましょう。

1 両手バーの第1ポジションで立つ。
ドゥミ・プリエして、床をしっかり押す。

2 踵に乗っていた体重を足先に移し、
床を押しながらドゥミ・ポアントに。

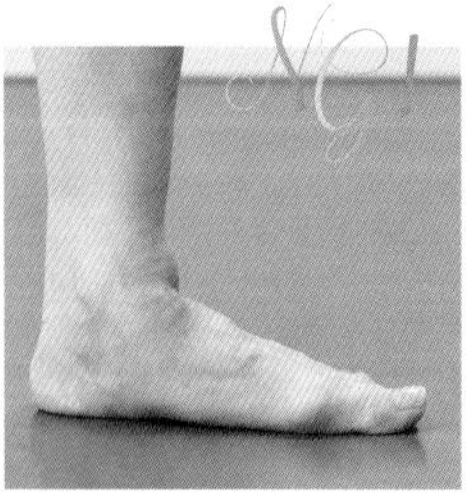

土踏まずがつぶれていて、小ゆびの付け根で床を押せていない

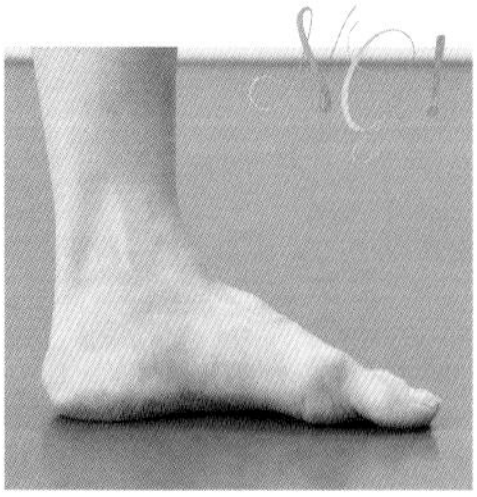

体重が小ゆびに側に掛かりすぎて、親ゆびの付け根で床を押せていない

シューズのなかは…

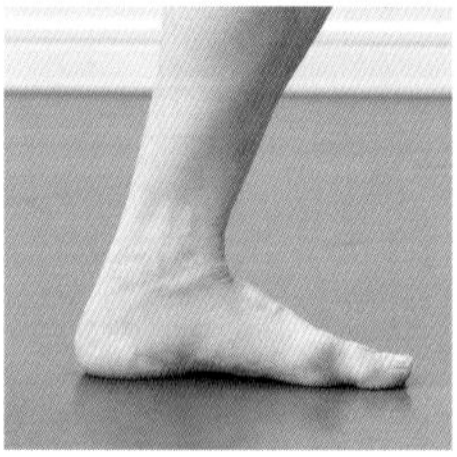

親ゆび、小ゆびの付け根、踵の3点で床を押す

3 さらに床を押してゆびを下に引っ張るようにして体重を足先に移し、踵を持ち上げる。

4 お尻と腿の裏側を集めてさらにアン・ドゥオールしながら、膝を伸ばす。ドゥミ・ポアントを通って❶に戻る。

床を押して踊る

床を押す力がとくに必要なパをレッスンしましょう。

ルルヴェ・アップ

床を押す力で立ち上がりましょう。

1 両手バーの第1ポジションで立つ。

2 ドゥミ・プリエして、床をしっかり押す。

3 踵に乗っていた体重を足先に移し、床を押してドゥミ・ポアントにしながら膝を伸ばす。

4 体重を足先に移し、ゆびを下に引っ張るようにして床を押す。ドゥミ・ポアントを通って❶に戻る。

プチ・ジャンプ＜床を押して跳ぶ＞

床を押した反動を使って、真上に跳び上がる練習をしましょう。

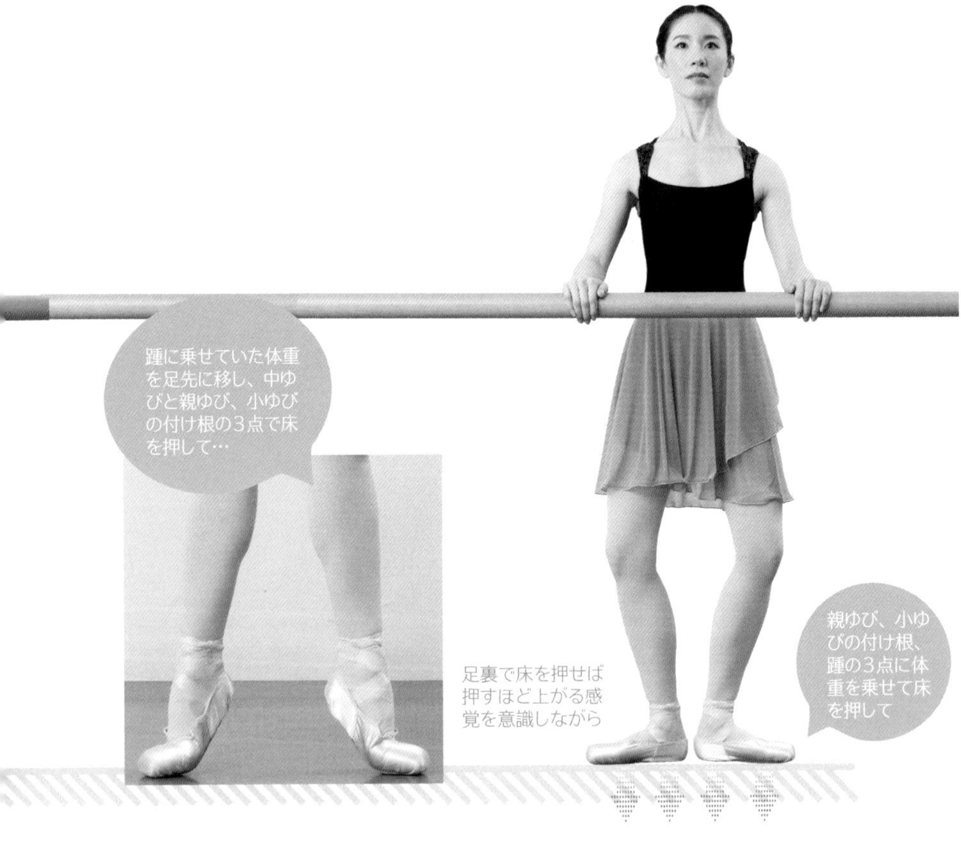

1 両手バーの第1ポジションでドゥミ・プリエし、床を押す。

2 踵と上体を持ち上げてジャンプ。

3 プリエで着地。次のジャンプに備えて、足裏の3点で床をしっかり押して。

ピケ＜床を押して片脚で立つ＞

**片脚でポアントに立つ練習をしましょう。
プラットフォームで床を強く押し、一気に立ちきります。**

1 両手バーで右足前の第5ポジションで立つ。

2 右脚をプリエし、左足のつま先をくるぶしに付けて後ろのク・ド・ピエに。

NG!

プリエからピケで立つ時に、プラットフォームを突き刺せていないので、踵と上体が上がっていない。

3 左脚でポアントに立ち、右足のつま先をくるぶしに付けて前のク・ド・ピエに。右脚を下ろして❷に戻る。

Step Up!

その場でピケに立てたら、今度は左脚で立つと同時に右脚を伸ばしましょう。できるようになったら、腕をア・ラ・スゴンドにしてバランスをとってみましょう。

ルルヴェ・アップ＜プリエから片脚で立つ＞

片脚ポアントで立つ感覚がつかめたら、
今度は第5ポジションから立ち上がってみましょう。
プリエでしっかり床を押し、そのエネルギーを使って一気にパッセで立ちます。

親ゆび、小ゆびの付け根、踵の3点に体重を乗せて両足で床を押して

1 両手バーで右足前の第5ポジションでドゥミ・プリエし、床を押す。

NG!

立ち上がる前に左足に先に体重を乗せている。右足で床を押せないので、踵と上体を持ち上げられない。

2 体重を左の足先に乗せ、ドゥミを通って左脚をポアント、右脚をパッセに。

床が押せていないので、上体と踵が持ち上がらない。

Q&A

トウシューズにまつわるあれこれに
渡辺さんがお答えします！

Q1 トウシューズはどこのメーカー？加工はしていますか？

　私が使っているのは、グリシコのフェッテ プロフレックス。私は甲が出やすく重心が前に行きすぎてしまうことがあるので、硬いもののほうが合うんです。

　以前は作品によってプラットフォームのまわりをぐるりとかがることもありましたが、最近ではあまりしていません。というのも、プラットフォームをかがると安定感が増して立ちやすくなるぶん、それ以上のトレーニングになりづらいから。初心者の方も、初めから加工などはせず、まずは正しく立つことを目指して練習してください。

Q2 自分に合うトウシューズを見つけるコツは？

　今はシューズの種類が豊富になってきていて、そのなかから自分に合うものを選ぶのも難しくなってきているかもしれません。お店でフィッティングした感じで良いなと思っても、実際にレッスンで履いて踊ってみると違っていたり、馴染みにくかったりすることもありますよね。シューズに関しては、先生や周りの人にどんなシューズを履いているか、履き心地はどうか、感想を求めることも必要だと思います。

　ただ、どんなに良いといわれるシューズでも、あなたの足に合わなければ意味がありません。ポアント・レッスンを続けるなかで、自分の足の癖や特徴を知っていくことが大切です。あくまでもシューズの力は借りているだけ。自分の脚で踊っている喜びを感じながらレッスンしましょう。

Q3 体のために気を付けていることは？

　食事はとくに制限したりせず、好きなものを食べるようにしています。

　また、最近では、ピラティスのクラスを受けることも。体の奥のほうの筋肉を使うので、続けていくうちに新しい発見があって、踊りにも変化が生まれることがあるんですよ。まだまだ学ぶことがたくさんあるなと、体の面白さを感じながら楽しくトレーニングしています。

Lesson 3
トウシューズでつま先を伸ばす

つま先を伸ばして踊りましょう

トウシューズはソールが硬いため、
足裏をより繊細に意識しないとつま先を伸ばせません。
今回は、ポアントならではのつま先の伸ばし方をレッスンします。

足裏は長いカーブに！

ソールの硬さに負けないようにつま先を伸ばそうとすると、力が入って足裏をギュッと縮めてしまいがち。つま先を伸ばす時は、足裏で長いカーブを描くとイメージしましょう。

ポイントは、**脚を出したり上げたりする時に必ず足裏で床を擦ること**。

その反動で踵が上にあがります。最後は足ゆびをひと押しして下に伸ばして。こうして踵と足ゆびで足裏を引っ張り合うことで長いカーブを描き、つま先を伸ばしましょう。そうすることで甲のラインも美しくなります。

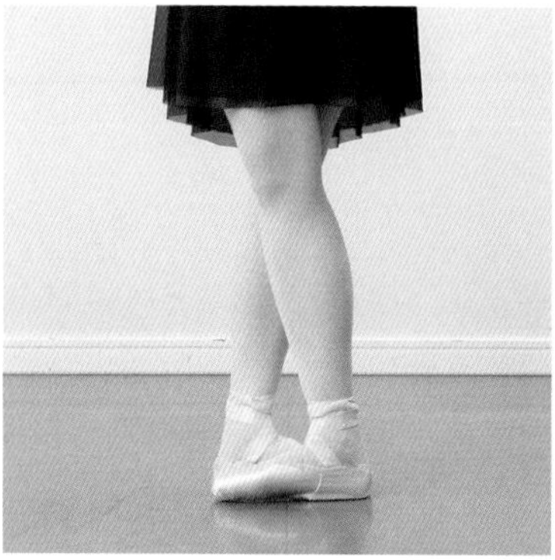

①踵と親ゆび、小ゆびの付け根に体重を乗せて足裏で床を押す。

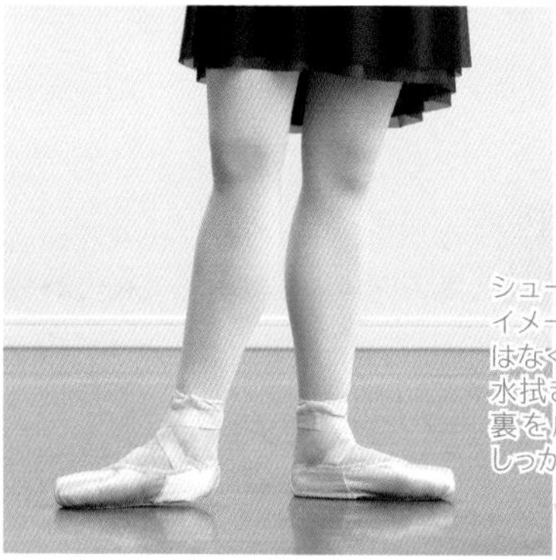

②床を擦る反動で踵が少しずつ上がる。

シューズの裏で床を拭くとイメージ。ただし乾拭きではなく、濡れた雑巾で床を水拭きしていくように、足裏を床にピタッとつけてしっかり擦りましょう

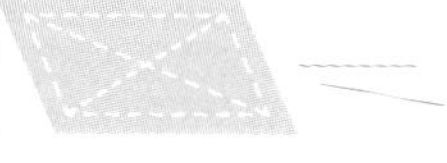

③床をひと押しして足ゆびを下に伸ばし、踵と足ゆびで足裏を引っ張り合ってカーブを描く。

plus one 足裏を長く使う感覚をつかみましょう。

① 両手バーの第1ポジションで立つ。右脚を横に出す。

② つま先でしっかり床を押して右膝を曲げて体重をかけ、足裏でカーブを描く。

③ 足裏のカーブをキープしながら、体重をゆっくり左脚に戻していき…

④ 右膝を伸ばしきる。反対の脚でも行う。

足裏を使ってつま先を伸ばす

まずは、足裏のカーブの作り方をレッスンしましょう。
足裏の感覚をつかみやすいよう、バレエシューズで行います。

バレエシューズでタンデュ

床を擦って足を横に出し、その反動で踵が上にあがるのを感じて。
最後に足ゆびで床をひと押しして下に伸ばし、長いカーブを作ります。
足裏の感覚を研ぎ澄ませながら、ゆっくり丁寧に行いましょう。はだしで行っても◎

1 片手バーで、右足前の第5ポジションで立つ。腕はア・ラ・スゴンドに。

2 足裏で床を擦り、ドゥミ・ポアントを通って…

シューズのなかは…

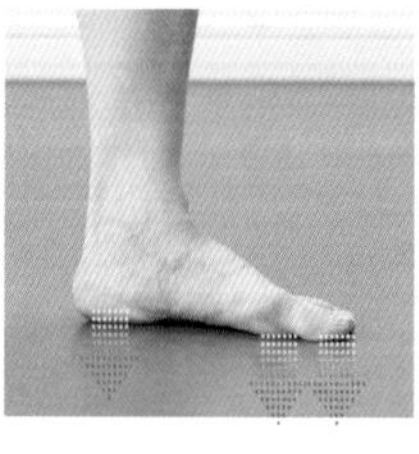

親ゆび、小ゆびの付け根、踵の3点に体重を乗せて足裏で床を押して

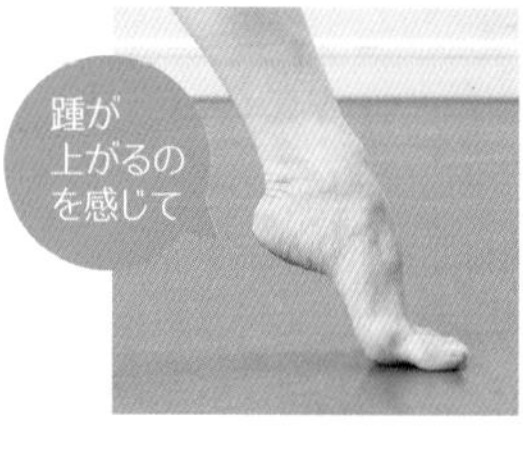

3 床をひと押しして足ゆびを遠くに伸ばす。
ドゥミ・ポアントを通って❶に戻る。

足ゆびを丸めてしまい、下に伸ばせていない。足裏に余計な力が入って短いカーブになってしまっている

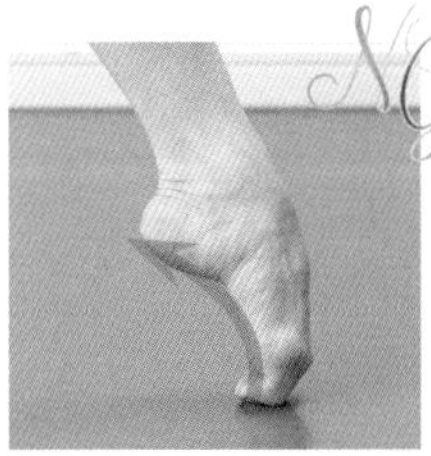

つま先を伸ばして踊る

トウシューズを履いて、バー・レッスンのパにチャレンジ。
ソールが硬いので、足裏をより繊細に使って
長いカーブを作って踊りましょう。

タンデュ〈ア・ラ・スゴンド〉

足裏で床を擦り、つま先を伸ばしましょう。

1　片手バーで、左足前の第5ポジションで立つ。腕をア・ラ・スゴンドに。足裏で床を擦り、脚を横に出して…

骨盤と頭を
高く持ち上げて、
上体はまっすぐ
一直線に

踵と親ゆび、
小ゆびの
付け根の
3点で床を
押して

床を擦るから
だんだん踵が上がる

2 床をひと押しして足ゆびを遠くに伸ばす。ドゥミ・ポアントを通って第5ポジションに戻す。

タンデュ〈ドゥヴァン〉

踵を前に押し出すようにして床を擦りましょう。

片手バーで、左足前の第5ポジションから足裏で床を擦って脚を前に出し、床をひと押しして足ゆびを遠くに伸ばす。ドゥミ・ポアントを通って第5ポジションに戻す。

タンデュ〈デリエール〉

脚を付け根からアン・ドゥオールしたまま床を擦りましょう。

踵をできるだけ前に向けて
床を擦って…

片手バーで、右足前の第5ポジションから足裏で床を擦って脚を後ろに出し、床をひと押しして足ゆびを遠くに伸ばす。ドゥミ・ポアントを通って第5ポジションに戻す。

ジュテ〈ア・ラ・スゴンド〉

脚の動かし方はタンデュと同じですが、よりすばやく床を擦り、
床を蹴って足ゆびをさらに遠くへ伸ばしましょう。

1 片手バーで、左足前の第5ポジションで立つ。腕をア・ラ・スゴンドに。

2 足裏で床を擦り、脚を横に出して…

3 床を蹴って足ゆびを遠くに伸ばす。タンデュを通って第5ポジションに戻す。

ジュテ〈ドゥヴァン〉

かま足になりやすいので、小ゆび側をより意識して床を擦りましょう。
最後に足ゆびで足床を蹴って足裏のカーブを描きます。

片手バーで、左足前の第5ポジションで立つ。腕をア・ラ・スゴンドにし、顔を手のほうへ。足裏で床を擦って脚を前に出し、床を蹴って足ゆびを伸ばす。タンデュを通って、第5ポジションに戻す。

ジュテ〈デリエール〉

後ろのジュテは、ゆび先を伸ばすことに気をとられて踵の意識を忘れてしまいがち。
はじめはできるだけ踵を床につけておき、床を擦れば擦るほど
自然に上がっていくのを意識して。最後に足ゆびで床を蹴って、
踵とゆびで足裏を引っ張り合いましょう。

片手バーで、右足前の第５ポジションで立つ。腕をア・ラ・スゴンドにし、顔を手のほうへ。床を蹴って脚を後ろに出し、足ゆびを伸ばす。タンデュを通って第５ポジションに戻す。

エシャペ

**両足ですばやく床を擦り、足裏のカーブを描いてポアントで立ちましょう。
普段以上に体を引き上げて、両脚同時に立ち上がるのがポイントです。**

1 両手バーで、右足前の第5ポジションで立つ。上体を高く持ち上げたまま、ドゥミ・プリエ。

両脚で同時に床を擦って脚を横に広げ、ドゥミ・ポアントを通って…

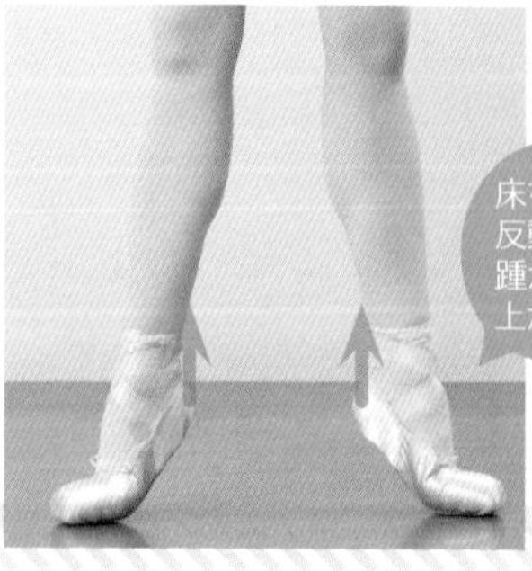

水拭きするイメージで床を擦って

2 床を押し続けながらつま先を伸ばし、ポアントで立つ。

3 ドゥミ・ポアントを通って両足を同時に引き寄せ、左足前の第5ポジションでドゥミ・プリエ。

グリッサード

片脚ずつ床を擦って横に移動しましょう。
足裏の長いカーブを見せるように、1回ずつしっかりつま先を伸ばします。

1 両手バーで、右足前の第5ポジションでドゥミ・プリエ。

2 プリエで床を押して右脚を横に出し…

3 左脚で踏みきって右にジャンプし、すばやく左脚を伸ばす。右脚プリエで着地する。

4 左脚を引き寄せ、左足前の第5ポジションに戻す。

ピケ〈パッセのつま先を伸ばす〉

脚を上に持ち上げる時も、床を擦る力を使ってつま先を伸ばします。
すばやい動きのなかでも踵、土踏まず、ゆびの裏側の順で
床から浮かせ、足ゆびで床を蹴りましょう。

1 両手バーで、右足前の第5ポジションで立つ。

2 右脚を横に出し、左脚の足裏で床を押してプリエして…

3 右脚を床に突き刺して、左の足裏で一気に床を蹴ってパッセ。

Q&A

トウシューズにまつわるあれこれに
渡辺さんがお答えします

Q24

おすすめのパッドや、テーピングの巻き方を教えてください。

トウパッドは、ある程度厚みがあるほうが足を保護できますから、初心者の方にはおすすめです。ただ、そのぶん足先の感覚をとらえるのが難しくなってしまうため、慣れてきたら徐々に薄いパッドに変えていくのがいいでしょう。

痛みがあるとどうしてもその部分をかばってしまい、立ち方のバランスを変えてしまうことがありますから、できるだけ前処置を心掛けてください。傷がある時は絆創膏を貼ったり、足ゆびがシューズに当たって痛かったりする時はテーピングテープを巻いたりしてみましょう。ただし、あれこれ保護しすぎて足を圧迫しないように注意してください。

Q25

好きなバレエ作品は？またダンサーとして踊りがいのある作品は？

ストーリー性のある作品が好きで、キャラクター達がどんな生き方をしてきたのかと想像しながら見てしまいます。

自分が踊る場合は、作品によってやりがいが変わることはなく、踊ることそのものをやりがいに感じている部分があるかもしれません。また、どんな風にキャラクターを生きるか、ということを大切に考えています。踊っていると、キャラクターが私の意図から外れて動き出すように感じる時があって、そんな時はとてもわくわくします。

Lesson 4

トウシューズで下りる

なめらかに下りましょう

トウシューズのレッスンを続けるなかで、とくに苦手意識を持ちやすいのが「ポアントから下りる」こと。なめらかに下りようと思っても、なかなかドゥミ・ポアントを通れず、ガタン！と音を立ててしまいがちです。ドゥミ・ポアントをしっかり通って、なめらかに下りるレッスンを行いましょう。

下りる時こそ、頭は上に！

ドゥミ・ポアントを通ろうとして足もとにばかり意識を向けてしまいがちですが、なめらかに下りるために必要なのは、じつは体の引き上げ。

体はひもで、その先に重い荷物（足）がつられているとイメージしてください。ポアントで立つ時は、**ひもを引っ張るように頭と腰を上にあげて**、荷物の足を持ち上げましょう。

下りる時は、重い荷物をガタン！と落としてしまわないよう、さらに上に引っ張りながら、ゆっくり静かに下ろします。**下りる時こそ頭をさらに上にあげて体を引き上げ**、ドゥミ・ポアントを通って**つま先→土踏まず→踵の順に少しずつ床につけて**いきましょう。

①両手バーで、足をパラレルにしてポアントで立つ。

②体を引き上げたまま、ドゥミ・ポアントを通って…

③足をア・テールに。

plus one

「体を引き上げたまま下りる」感覚をつかみましょう。

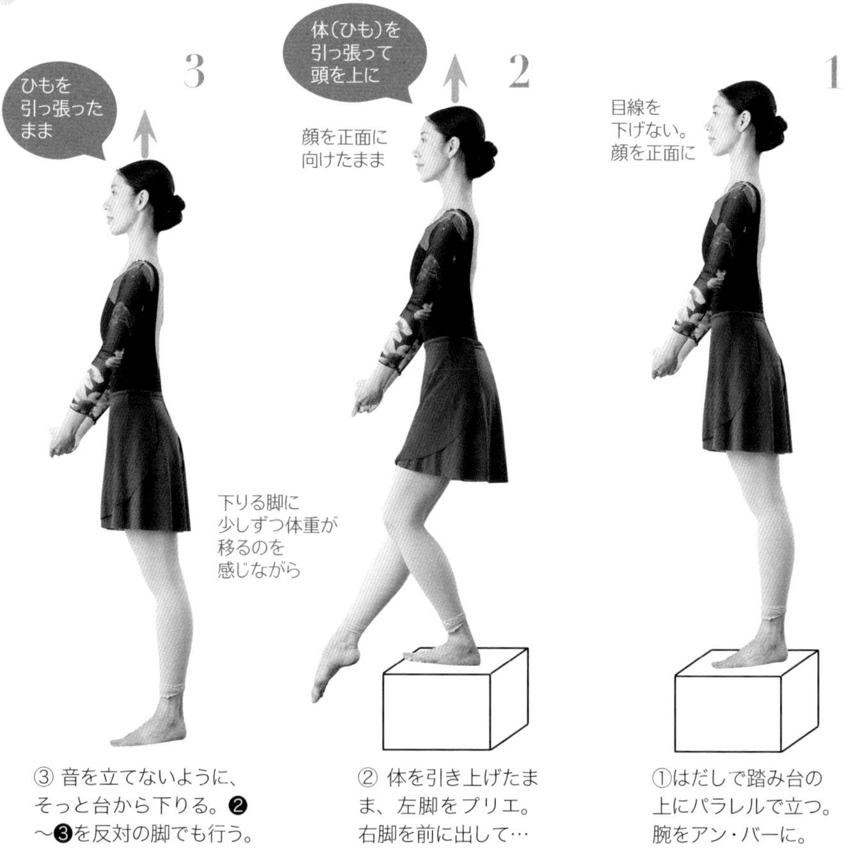

①はだしで踏み台の上にパラレルで立つ。腕をアン・バーに。

② 体を引き上げたまま、左脚をプリエ。右脚を前に出して…

③ 音を立てないように、そっと台から下りる。❷～❸を反対の脚でも行う。

★頭を上げたままそっと下りることで引き上げの感覚をつかめます。脚を後ろに出して下りる動きも行ってみましょう。

※階段などの段差でもOK

両脚でなめらかに下りる

まずは、第1ポジションで下りる練習をしましょう。
下りる時こそ、さらに頭を上げて体を引き上げます。

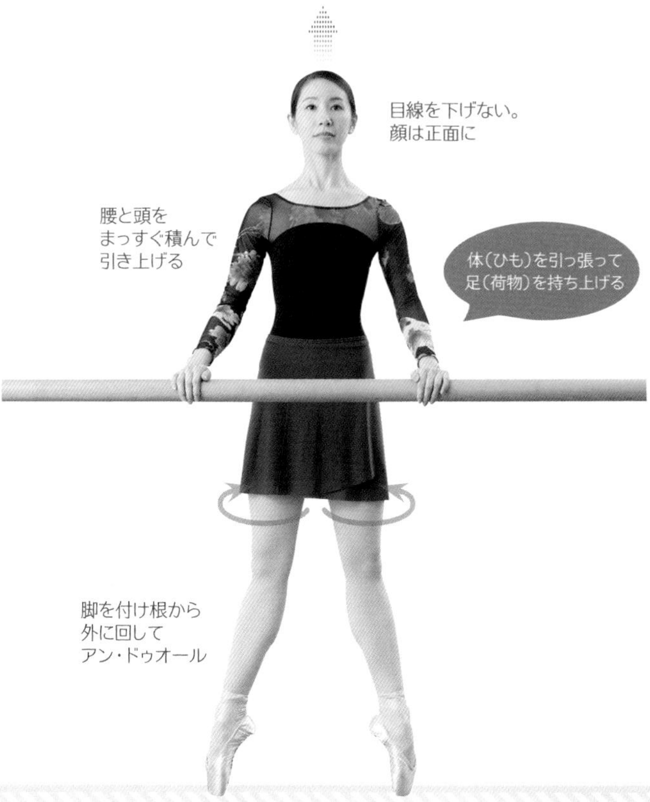

1 両手バーで、第1ポジションのポアントで立つ。

足もとをチェック！

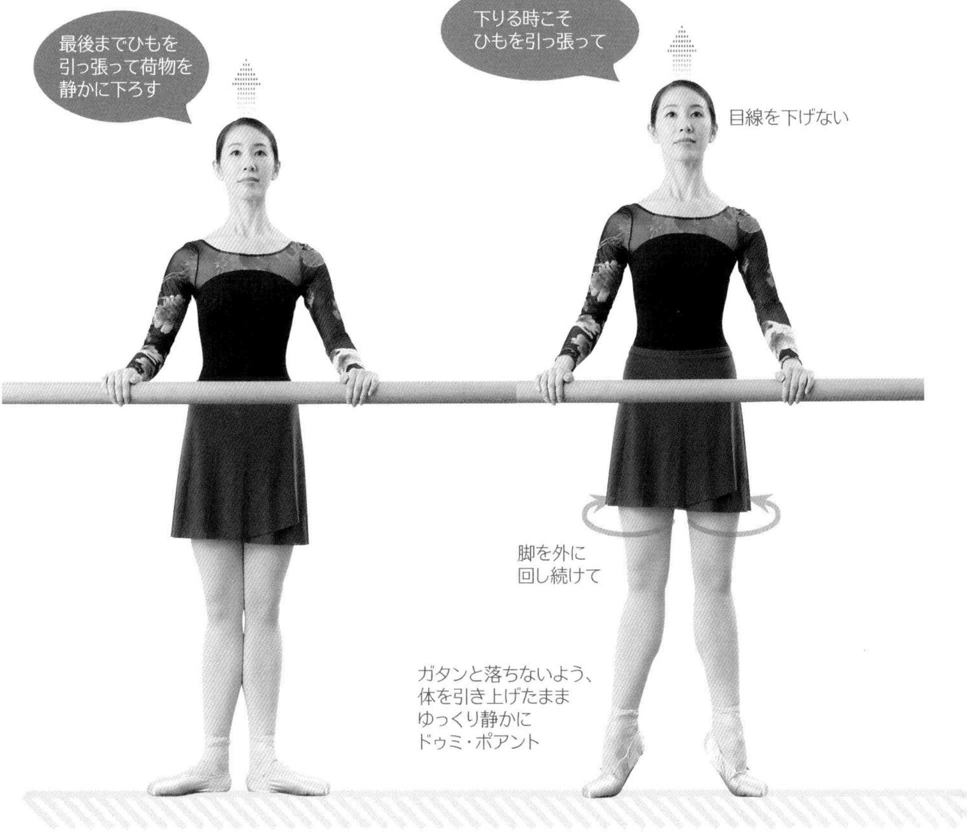

2 ドゥミ・ポアントを通って…

3 ア・テールに。

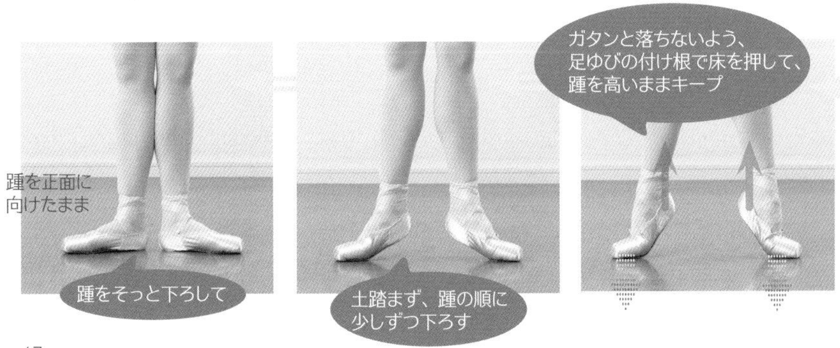

片脚でなめらかに下りる

片脚で下りる時は、両脚に比べてバランスを保つことが難しくなるため、
さらに上体を引き上げて行いましょう。

パ・ド・ブーレ

脚を踏み替えることに気を取られ、下りる時に意識が抜けてしまいがち。
頭を上げ続けて体を引き上げ、なめらかに下りましょう。

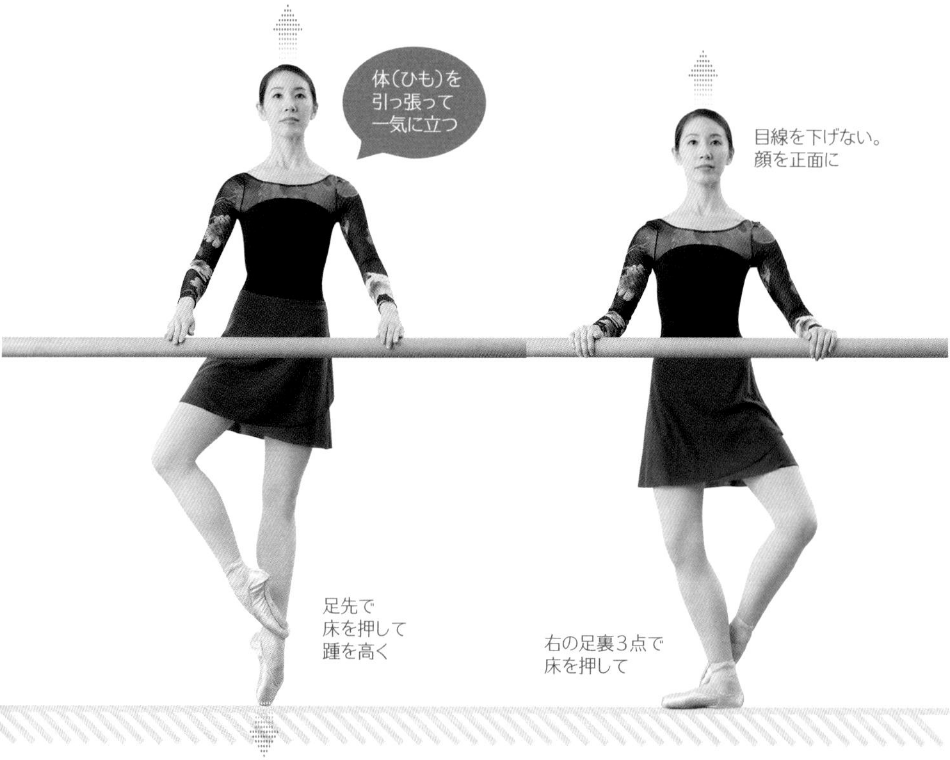

1 両手バーで、右足前の第5ポジションで立つ。右脚をプリエ、左脚を後ろのク・ド・ピエに。

2 左脚を床に突き刺して、一気にポアントに。右脚を前のク・ド・ピエに。

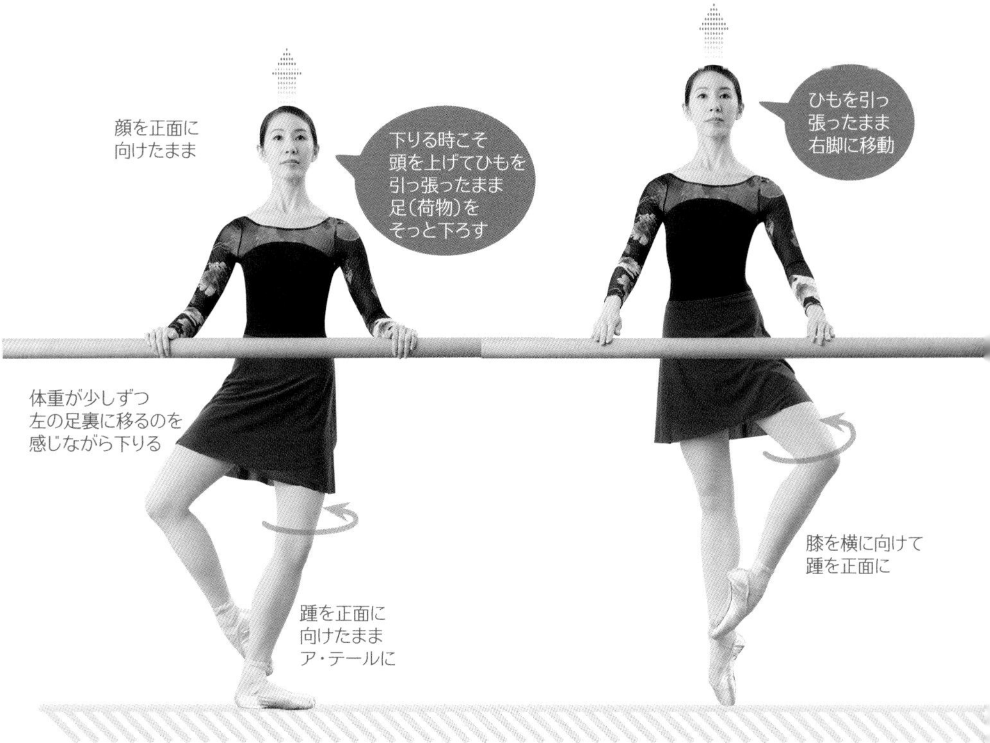

3 右脚を横に出し、そのまま体重を移動してポアントに。左脚を前のク・ド・ピエに。

4 体重を左脚に移しながらポアントに。ドゥミ・ポアントを通って踵を少しずつ床につけていき、右脚を後ろのク・ド・ピエに。

ピケ・アラベスク

軸脚だけで体重を支えないといけないため、
しっかり引き上げておかないと、脚につられて腰が引けてしまいます。
下りる時にさらに頭を高く上げ、腕と脚で体を引っ張り合いながら下りましょう。

1 左手バーで右足前の第5ポジションから
脚を前に出し、ピケ・アラベスク。

2 右脚はドゥミ・ポアントを通って、そのままプリエ。

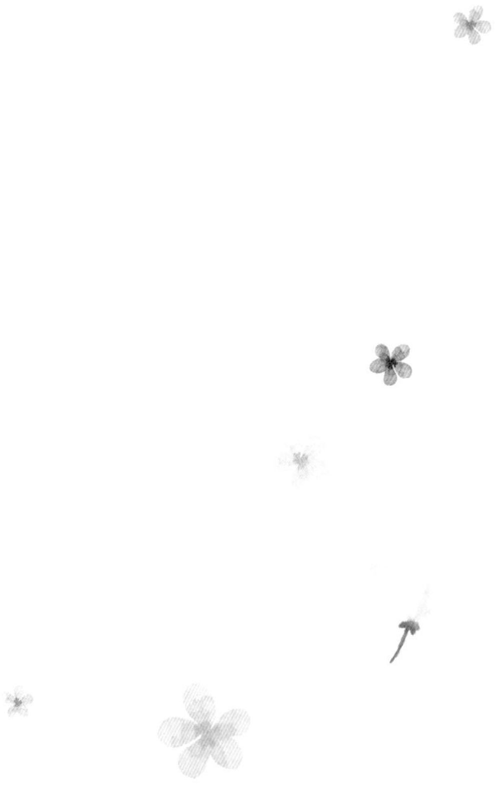

Lesson 5 センター・レッスン

センターで踊りましょう

これまでのレッスンで学んだ「押す」「擦る」「下りる」を意識して
センターのパを練習しましょう。

パ・ド・ブーレ・クーリュ

脚を小刻みに動かして進行方向に進みます。
進む時に脚と脚の間に隙間ができる瞬間がないように、
後ろの脚をクロスしましょう。前の脚はすばやく引き寄せます。

1 8の方向を向いて立ち、右足前の第5ポジションのポアントで立つ。

2 左脚を2の方向に出す。

3 左脚で立ち、そこに右脚を引き寄せる。

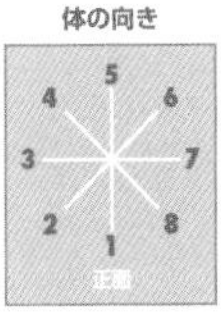

4 もう一度左脚を2の方向に出して立ち、右脚を引き寄せる。❷～❸を細かく何度も繰り返して2の方向に進む。

シュ・スー

プリエで床を押し、その反動を使ってポアントに立ちます。
よりスムーズに立ち上がれるよう、腕をタイミングよく使い、
体を持ち上げるサポートをしましょう。

1 左足前の第5ポジションで立つ。腕をドゥミ・スゴンドにしてプレパレーション。

2 腕をアン・バーに集めながらプリエして…

体の向き

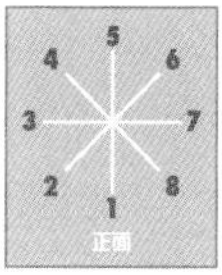

立つと同時に腕を上げて、
体を持ち上げるのを
サポート。
全身を細く長く！

肩が上がりやすい。
力を抜いて、
首と腕の間に
空間を作る

飛び上がらない。
床を押して
踵を持ち上げて

押した反動で
一気に立ち上がる

3 腕をアン・オーに上げながら、
両脚を集めてポアントで立つ。

スートゥニュ

片脚を軸にし、もう片方の脚を
しっかり引き寄せてスムーズに回りましょう。

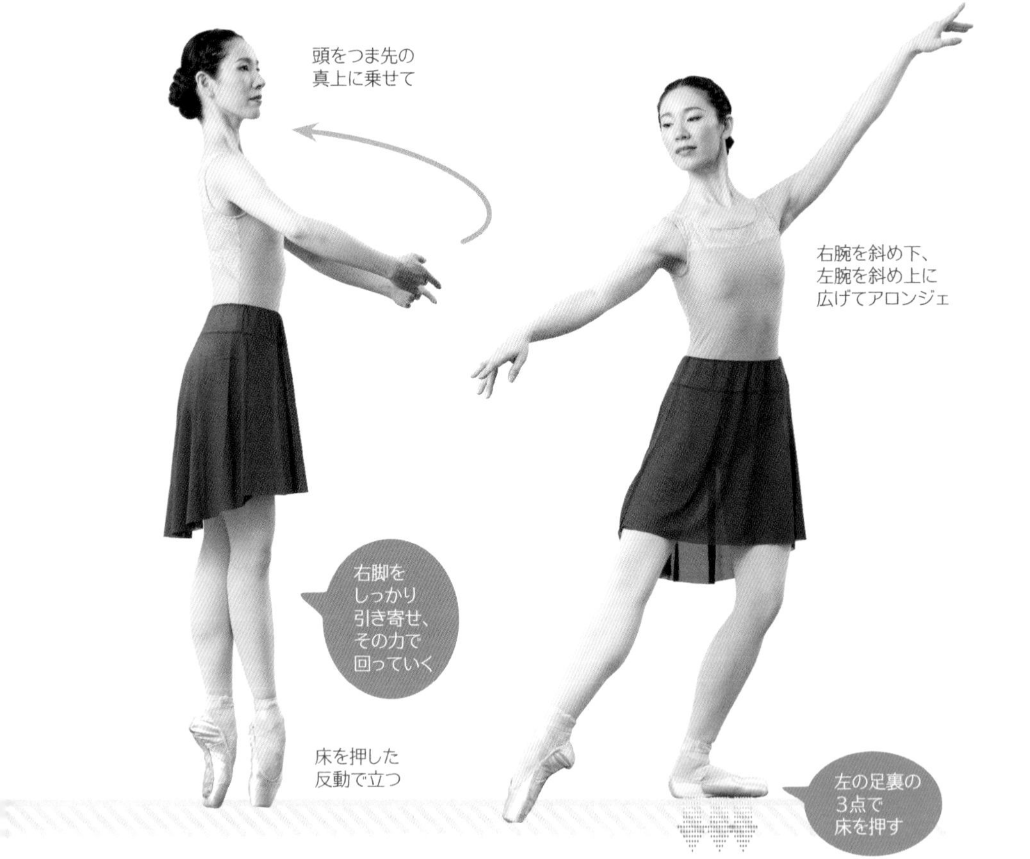

1 8の方向を向いて立ち、右足前の第5ポジションで立つ。プリエしながら右脚を横に出し、同時に腕を斜めに広げて…

2 腕をアン・ナヴァンに集めながら右脚を左脚の前にすばやく引き寄せて第5ポジションのポアントで立ち、左に回っていく。

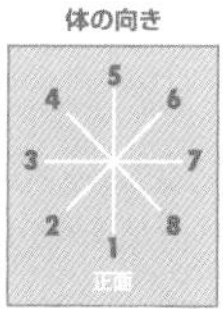

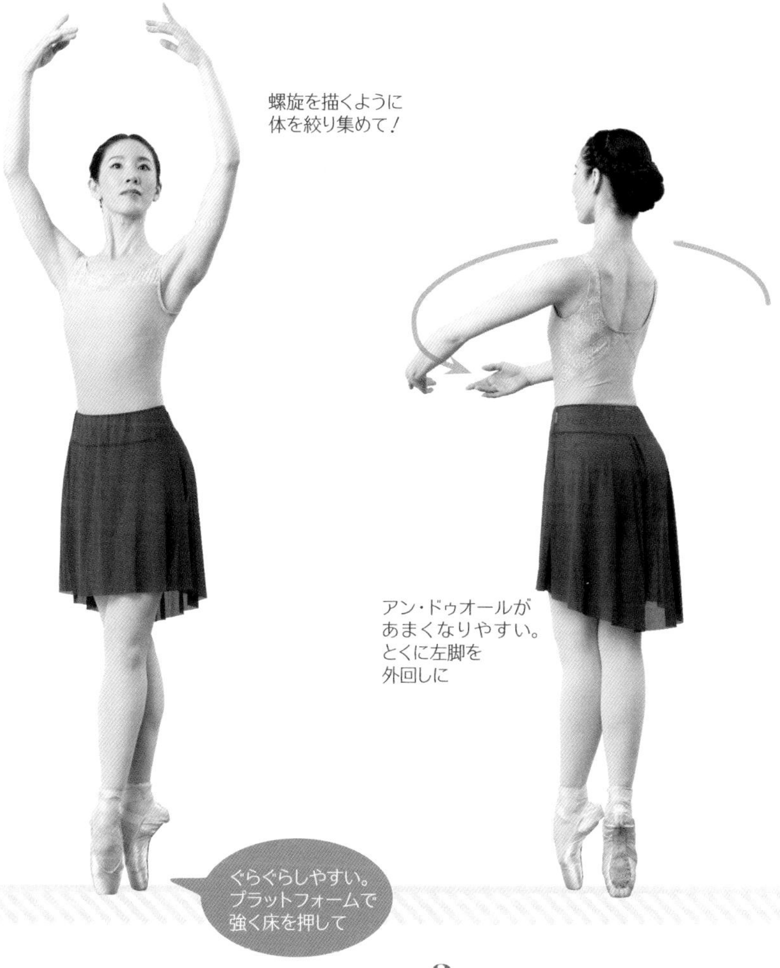

3 さらに左に回っていき…

4 腕をアン・オーにしながら、左足前の第5ポジションで、2の方向まで回る。

ピケ・アラベスク

バレエシューズよりもアラベスクで立った後の到達点が高くなるため、
プリエで床を押さないと立ちきれません。しっかりと床を押し、
床を蹴る力を使って一気に立ちましょう。

1 2の方向を向いて立ち、右脚を後ろに伸ばす。腕をドゥミ・スゴンドに。

2 腕をアン・ナヴァンにしながら右脚を前に出し、左脚は床を押してプリエして…

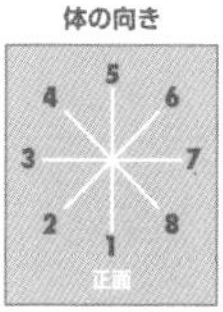

3 左脚で床を蹴り、右脚を床に突き刺してポアントで立つ。同時に右腕を前、左腕を横に広げてバランスをとる。

アラベスク・ソテ

ピケ・アラベスクと同様に、アラベスクの前のプリエが大切です。片脚でもしっかり床を押して踏みきりましょう。腕もタイミングよく使い、空中でもアラベスクの姿勢を保ちましょう。

1 2の方向を向いて立ち、右脚を後ろに伸ばす。腕をドゥミ・スゴンドに。

2 腕をアン・ナヴァンにし、右脚を前に出して左脚をプリエし…

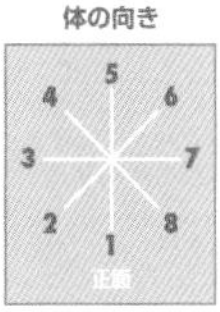

3 右足にすばやく体重を乗せてプリエで床を押す。左脚を後ろに伸ばして…

4 右腕を前、左腕を横に広げながら、右脚で踏みきって上に跳ぶ。上体を保ったまま右足で着地し、ドゥミ・ポアントを通って丁寧に下りる。

シソンヌ

両脚で床を踏みきって片足で着地するジャンプです。
踏みきりが片脚ずつバラバラになってしまうと床を押す反動を生かせないので、
必ず両脚で均等に床を押して踏みきりましょう。

1 2の方向を向いて、右足前の第5ポジションで立つ。右腕を前、左腕を横に出してアロンジェ。

2 ドゥミ・プリエで床を押して…

体の向き

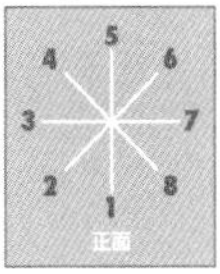

3 両脚で一気に踏みきり前に跳ぶ。
脚は前後に開く。

4 左脚を伸ばしたまま、右脚プリエで
着地する。

グラン・ジュテ

跳ぼうとして上ばかり意識してしまうと床が押せず、かえって高く跳べません。
跳ぶための助走でしっかり体重を移動し、足裏で床を押します。
プリエで床を押す力と、脚を振り上げる力を使ってジャンプしましょう。

2 左脚に体重を乗せてプリエして…

1 2の方向を向いて右脚で立ち、左脚を前に出す。

3 右脚を前にすばやく振り上げる。

4 左足で踏みきって上に跳び上がり、脚を前後に開く。右脚プリエで着地する。

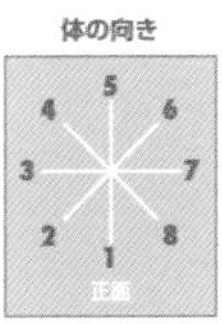

ピケ・トゥール（ピケ・アン・ドゥダン）

後ろの脚で床を強く蹴り、その力で一気にピケに立ちましょう。すばやく立つことでパッセのポーズが安定し、スムーズに回れます。

1 8の方向を向いて左脚で立ち、右脚を前に出す。右腕はアン・ナヴァン、左腕はア・ラ・スゴンド、顔は進行方向の2の方向に。

2 左脚プリエで床を押し、右脚を横にロン・ド・ジャンプ。右腕をア・ラ・スゴンドに開いて…

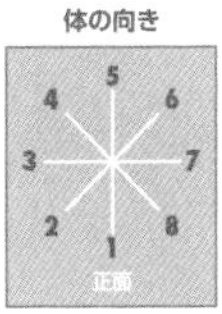

3 右脚のポアントで立ち、右に回っていく。ピケと同時に左脚は後ろのパッセに、腕はアン・ナヴァンに集める。

4 顔をこれ以上2の方向に向けていられないところまで回ったら、顔を右に振ってまた2の方向に向ける。

5 1周回ったら左脚を下ろし、第5ポジションを通って❶に戻る。これをくり返し、連続で回っていく。

ピケ・トゥール（ピケ・アン・ドゥオール）

回転自体は半回転と短いので、
「回ろう」とするよりも「立つ！」という意識で、
ピケの脚をしっかり突き刺しましょう。
脚を床に突き刺し、体を押し上げることで自然に回れます。

1 8の方向を向いて左脚で立ち、右脚を前に出す。顔は進行方向の2の方向に向ける。右腕はアン・ナヴァン、左腕はア・ラ・スゴンドに。

2 右脚を横にロン・ド・ジャンブして体を2の方向に向け、体重を移してプリエ。左脚を浮かせる。同時に腕をア・ラ・スゴンドに。

体の向き

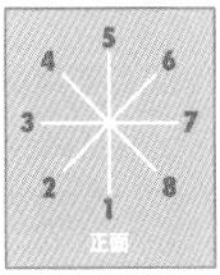

3 左脚を引き寄せて床に突き刺してポアントで立つ。腕をアン・ナヴァンに集めながら右脚をすばやく前のパッセにし、右に回っていく。

4 顔をこれ以上2の方向に向けていられないところまで回ったら、顔を右に振ってまた2の方向に向けて右脚を下ろして❷に戻る。

Step Up! センターのアンシェヌマン

これまでの動きをつなげたアンシェヌマンにチャレンジ！
左の QR コードからお手本の動画をチェックしましょう。

1 おへそを8の方向に向けて、右足前の第5ポジションで立つ。
♪プレパレーション

2 右脚を前に出して（♪1）、左脚をプリエ（♪2）。

3 右脚をポアントにして立ち、左脚を引き寄せる。
♪3

体の向き

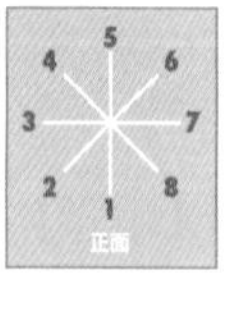

お手本の動画をチェック！

4 右脚はドゥミ・ポアントを通ってプリエ。左脚を後ろのク・ド・ピエに。
♪4

5 脚を左、右、左とポアントで立ってパ・ド・ブーレし、おへそを**2**の方向に向け、左脚はプリエ。右脚は後ろのク・ド・ピエに。
♪5·6

6 右脚ポアントで立ち、おへそを
8の方向に向けながら左脚を
ア・ラ・スゴンドに。
♪7

7 左脚を後ろに引き寄せ、両脚で
下りてプリエ。
♪8

8 両脚を開いてエシャペし、おへそを**2**の方向に向ける。左足前の第５ポジションに下りてプリエ。
♪**2**・2

9 左脚をパッセ。後ろに下ろして、右足前の第５ポジションでプリエ。
♪3・4

10 右脚を前に出して（♪5）、
左脚をプリエして…（♪6）

11 ピケ・アラベスク。
♪7

12 左足前の第5ポジションでプリエ。
♪8

『白鳥の湖』オデットのヴァリエーション

「白鳥の湖」京當侑一籠さんと ©Hidemi Seto

Interview

オデットの心の内を表現して

第2幕のオデットのヴァリエーションを踊ってみましょう。これまで何度も『白鳥の湖』に主演してきた渡辺さんに、オデットの表現のポイントを伺いました！

――これから教えていただくオデットのヴァリエーションは、どんなシーンですか？

オデットと王子は湖のほとりで出会い、一目で恋に落ちます。そしてふたりでアダージオを踊り、その後でオデットが踊るのが、これから紹介するヴァリエーションです。アダージオでふたりは愛を語り合いますが、ひとりになった時にオデットはふと自分の身の上を振り返り、悩んだり迷ったり葛藤する……そんなシーンだと想像してみてください。

――そこにはどんな想いがあるのでしょうか？

様々な解釈があると思いますが、私は王子に自分の運命を預けていいのかどうか、迷いが生まれていると思うんです。王子に愛情を感じているし、信じていないわけではないけれど「私に愛を誓って呪いを解くなんて……こんな大きな責任を負わせてしまっていいの？」『いくら王子が愛を誓ってくれても、この運命からは逃れられないんじゃないか』――と。そういう悲観的な気持ちも否定できないんです。

――それは踊りのどんなところに表れていますか？

いろいろありますが、視線の使い方もそのひとつだと思います。第3幕のオディールのヴァリエーションと対にして考えるとわかりやすいのですが、オディールの視線は踊っている時もロットバルトや周りの仲間に向けられていますし、王子の目をまっすぐに見つめます。彼女の目的と意志がはっきりしていることの表れともとれます。

一方でオデットは、顔を下に向けたポーズが多く、舞台上に王子がいるバージョンの振付でも、彼に視線を向けることが少ないんです。これは、彼女の意識が王子ではなく、自分の内側に向いているから。心のなかで自問自答しながら答えを探しているようにも見えます。

――視線の使い方でとくに意識していたことはありますか？

目は伏し目にすることで、彼女の閉ざしている心を連想させます。また顔を上げる振付の時は、視線は空を漂わせるようにしていました。どこか一点を見ると対象物が意味を持ってしまうので、自分の内側以外に強い意識を向けさせないようにしていましたね。

――レッスンする上で意識するといいポイントはありますか？

オデットは一般的に「白く儚いもの」というイメージがあると思いますし、私自身もこの役を踊る前はそういった印象を持っていましたが、じつはそれだけではありません。オデットはお姫様ですから、周りの白鳥達は城の侍女ということになります。彼女達の運命も背負っていますから、とても芯の強い女性なんです。また、ストーリーから考えてみると、第3幕で誤って黒鳥に愛を捧げてしまった王子を第4幕では許すことができるのは、本当に優しい心の持ち主だから。彼女の芯の強さは脚で力強く踊ることで、優しさは柔らかいアームスで表現しましょう。

また、すべての動きを本当に正確に美しく踊らないと、『白鳥』の世界観が崩れてしまいます。湖の水面がいつも静かで、波立っていない状態を保つようなイメージで、ゆっくり丁寧な動きを心掛けてください。

今お伝えしたオデットの役作りのヒントを意識しながら、次のページから始まるポイント・レッスンを行ってみてください。本当に表現が奥深いヴァリエーションなので、もし難しいパがあったとしても、まずはオデットの気持ちに心を寄せることを大切に、自分のペースで行いましょう。踊っていくうちに、自分だけの表現も出てくると思います。ぜひ演じることを楽しんでレッスンしてください！

オデットのヴァリエーション
5つのポイント・レッスン

まずは左のQRコードからヴァリエーションの振付をチェック。
白鳥らしい動きやオデットの心情を
表現するためのポイントをレッスンしていきましょう。

ポイント1
肘からなめらかに羽ばたく

ヴァリエーションで随所に出てくる白鳥の羽ばたき。腕は上げる時も下げる時も、肘を起点に動かしていきます。腕は肩甲骨から生えていると意識して指の先まで神経を行きわたらせ、なめらかに動かしましょう。

2 腕を肘から下にさげる。
顔も下に向ける。

1 腕をア・ラ・スゴンドに。
手の平を下に向ける。

お手本の動画をチェック！

3 肘を上に持ち上げる、それにつられるように肘から先も上にあげる。

4 腕がア・ラ・スゴンドの高さまできたら顔を上げて…

6 手の甲と甲がつくギリギリのところまで上げる。

5 肘、手首、指先の順にさらに上げていく。

7 手の平を遠くに押し出しながら、
肘から腕を下ろして…

8 腕を肩の高さまで下ろしたら肘を下ろす。
❷に戻る。

ポイント2

視線を落としてポーズ

全体的に視線を落として踊ることで、オデットの内にこもった心情を表現してみましょう。視線の使い方が特徴的な2つのポーズを紹介します。

シュ・スー

両脚を引き寄せて第5ポジションのポアントで立ち、右腕をアロンジェにして上げ、左腕は肘を曲げて体の前に。視線も下げて、羽の隙間から伺い見るようにすることで、オデットの不安や怯えを表現しているポーズです。

アラベスク

ピケ・アラベスクをし、右腕は高く上げて顔に添わせるように。視線を下げます。

＜オデットのアラベスク＞

＜目線を上げたアラベスク＞

ポイント 3

脚は強く、腕は柔らかく

難しいテクニックの時でも、腕はオデットの儚さを表すように柔らかく使いましょう。脚を力強く床に突き刺し、体の軸をぶらさないようにすることで、腕を自由に使えます。デヴェロッペで練習してみましょう。

1 2の方向を向いて左足前の第4ポジションで立ち、左脚をプリエ。腕を体の前でクロス。

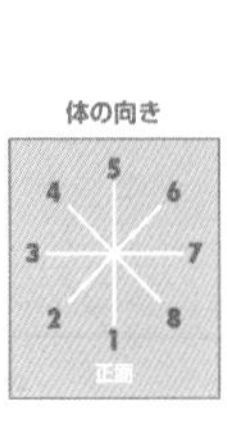

2 体を正面に向けながら左足に体重を乗せプリエ。右脚を後ろのク・ド・ピエにして。腕はアン・バーを通るように肘から動かし始めて…

3 足裏で床を押し、押し返す力で一気にポアントに立ち、右脚をデヴェロッペ。同時に腕を下からア・ラ・スゴンドを通って上にあげる。

1 腕を高く上げながら、シソンヌ。右脚から着地して…

2 左脚をすぐに前に出す。足ゆびの裏で丁寧に床を押して…

ポイント4
腕を使って着地

　白鳥のように静かに着地するためには、腕で体を支えることが大切です。腕は着地のプリエと連動するよう、ゆっくりと下ろしましょう。

3 少しずつ踵を下ろして、プリエ。
腕を肘からゆっくり下ろして…

4 踵を前に出すようにして、完全に床に
つけてプリエ。腕もゆっくりと下ろす。

ポイント5
つなぎのパにメリハリを

ゆったりした音楽のヴァリエーションなので、つなぎのパにメリハリをつけて踊りましょう。アラベスクやシュ・スーなど、ポーズではしっかり止まって形を見せ、続く動きでは柔らかく動いてメリハリを出します。とくに単調になりがちな後半の連続のピケ・ターンのあとのパッセで練習しましょう。

1 ピケ・ターンで回ったあと、パッセをキープしたまま体をさらに上に伸ばす。

Message

オデットのヴァリエーションは難しいと感じるかもしれませんが、じつは普段のレッスンで求められていることと、大きく違いません。例えば羽を思わせる柔らかい腕の動きのためには力強く安定した脚の力も必要ですが、この脚の力は、いつものバー・レッスンで身に付けていくものです。ここまでお伝えしてきたことや、いつものレッスンを思い出しながら、じっくり丁寧に練習してみてください。

2 腕を大きく横に下ろし、右脚プリエで下りて左脚を後ろのク・ド・ピエに。

渡辺理恵（わたなべ・りえ）

福岡県出身。6歳よりバレエを始める。2004年東京バレエ団に入団し、16年にプリンシパル昇格。おもな主演作に「白鳥の湖」「ジゼル」「ラ・シルフィード」など。現在はフリーのダンサー、教師として活躍中。

初心者から経験者まで

美しさを極める
トウシューズ・レッスン

指導・モデル　渡辺理恵

クロワゼ　編

初出　「クロワゼ」74号〜77号

写真　松橋晶子／山本宏樹（P.10〜15）

ヘアメイク　徳善瑞香

衣裳協力　フェアリー

表紙・本文レイアウト　SDR（新書館デザイン室）

2020年7月30日　初版第1刷発行

発行者　三浦和郎

発行　株式会社 新書館

編集：〒113-0024　東京都文京区西片2-19-18　TEL 03-3811-2871　FAX 03-3811-2501

営業：〒174-0043　東京都板橋区坂下1-22-14　TEL 03-5970-3840　FAX 03-5970-3847

印刷・製本　中央精版印刷株式会社

Printed in JAPAN ISBN 978-4-403-33071-1